타임아웃

타임아웃
치열한 스포츠 현장에서 발견한 리더십 원칙

초 판 1쇄 2025년 10월 27일

지은이 구자훈
펴낸이 류종렬

펴낸곳 미다스북스
본부장 임종익
편집장 이다경, 김가영
디자인 윤가희, 임인영
책임진행 김요섭, 이예나, 안채원, 김은진, 국소리

등록 2001년 3월 21일 제2001-000040호
주소 서울시 마포구 양화로 133 서교타워 711호
전화 02) 322-7802~3
팩스 02) 6007-1845
블로그 http://blog.naver.com/midasbooks
전자주소 midasbooks@hanmail.net
페이스북 https://www.facebook.com/midasbooks425
인스타그램 https://www.instagram.com/midasbooks

ⓒ 구자훈, 미다스북스 2025, Printed in Korea.

ISBN 979-11-7355-542-8 03190

값 19,000원

※ 파본은 구입하신 서점에서 교환해드립니다.
※ 이 책에 실린 모든 콘텐츠는 미다스북스가 저작권자와의 계약에 따라 발행한 것이므로 인용하시거나 참고하실 경우 반드시 본사의 허락을 받으셔야 합니다.

미다스북스는 다음세대에게 필요한 지혜와 교양을 생각합니다.

치열한 스포츠 현장에서 발견한 리더십 원칙

TIME OUT
타임아웃

구자훈 지음

미다스북스

프롤로그

스포츠를 놀이로만
활용할 것인가?

리더십은 점점 더 복잡해지고 있습니다. 단순한 지시와 통제는 더 이상 통하지 않습니다. 사람을 이해하고, 상황을 읽으며, 변화에 따라 유연하게 대응할 수 있는 힘이 필요합니다. 예측 불가능한 환경 속에서 리더는 끊임없이 선택을 강요받습니다. 그렇다면 리더십의 본질은 무엇이며, 어떤 기준으로 행동해야 할까요?

저는 그 답을 스포츠에서 찾았습니다.

스포츠는 단순한 오락이나 승부의 세계가 아닙니다. 목표를 세우고, 전략을 수립하며 팀원들과 협력하고 결과를 복기(復棋)하는 전 과정이 응축된 무대입니다.

경기마다 상황은 달라지고 리더는 그 흐름을 읽어 결정적 순간에 개

입해야 합니다. 이는 오늘날 리더가 조직 안에서 매일 마주하는 현실과 놀라울 만큼 닮아 있습니다.

특히 팀 스포츠는 한 개인의 기량보다 조화와 조율의 힘이 더 중요합니다. 경기 중 리더의 한마디, 전략적 교체 한 번이 팀 전체 분위기를 바꾸고 전혀 다른 결과를 만들어 냅니다. 승리의 리더십, 패배에서 얻은 교훈은 그대로 조직 운영의 지침이 될 수 있습니다.

저는 스포츠가 리더의 행동을 돌아보고 더 나은 결정을 내릴 수 있는 기준을 준다고 믿습니다. 최고의 선수도 슬럼프를 겪고, 명장도 실패를 경험합니다. 중요한 것은 그것을 어떻게 복기하고 다음을 준비하느냐입니다.

그래서 필요한 것이 바로 '타임아웃'입니다. 경기를 멈추고 호흡을 고르며 전략을 다시 세우는 짧은 순간은, 종종 경기 전체의 방향을 바꾸는 전환점이 됩니다. 리더에게도 그런 시간이 필요합니다. 성과의 압박 속에서 잠시 멈춰 자신을 점검하고 방향을 재정립하는 심리적 타임아웃 말입니다.

이 책은 그런 타임아웃을 위한 기록입니다. **스포츠 현장의 실제 사례를 통해 리더로서의 관점을 재정립하고, 행동의 기준을 세우며, 팀을 어떻게 움직일 것인지에 대한 단서를 나누고자 합니다.** 리더십은 타고나는 것이 아니라 상황 속에서 길러지고 단련되는 것입니다. 스포츠처럼 준비하고, 부딪히고, 돌아보고, 다시 시도하는 과정을 거치며 완성됩니다.

이 책을 읽는 지금 이 순간이, 독자 여러분의 리더십을 위한 타임아웃이 되기를 바랍니다. 경기는 계속되지만, 잠시 멈춰 방향을 점검하는 순간이 결국 가장 큰 차이를 만듭니다.

목차

프롤로그

스포츠를 놀이로만 활용할 것인가?

005

1장
관점

나는 명확한 리더십 관점을 갖고 있는가?

1. 리더의 역할을 명확히 정의하라　**015**
2. 자신만의 철학으로 팀을 이끌어라　**020**
3. 일관된 기준으로 신뢰를 확립하라　**025**
4. 어떤 상황에서도 비겁해지지 말라　**030**
5. 구성원을 진심으로 존중하라　**036**
6. 상황에 맞춰 리더십 스타일을 선택하라　**042**
7. 실행으로 아이디어를 완성하라　**048**

2장
신뢰
무엇이 팀을 단단하게 만드는가?

1. 자신을 앞세우지 말라   057
2. 통 큰 결단으로 구성원의 마음을 움직여라   063
3. 함께하는 리더십으로 신뢰를 쌓아라   069
4. 마음의 벤치클리어링을 준비하라   075
5. 품을 줄 아는 리더가 돼라   080
6. 간접 칭찬으로 동기부여하라   085
7. 스스로 움직이는 팀을 구축하라   090

3장
동기부여
어떻게 구성원의 잠재력을 깨울 것인가?

1. 평범한 인재들의 비범한 열정을 깨워라   097
2. 구성원들의 강점에 집중하라   103
3. 인내심으로 기적을 만들어라   109
4. 결정적인 피드백으로 변화를 주도하라   115
5. 그들의 언어로 이야기하라   121
6. 유머로 팀 분위기를 살려라   126
7. 그라운드 룰로 변화를 견인하라   133

4장

문제 해결

무엇이 리더의 존재 가치를 드러내는가?

1. 문제의 원인을 끝까지 추적하라　143
2. 보이지 않는 실책을 경계하라　149
3. 정답을 강요하지 말고 함께 해답을 찾아라　155
4. 간결한 준비로 성과를 극대화하라　160
5. 작전 타임을 전략적으로 활용하라　166
6. 자원을 최적화하여 언더독의 반란을 설계하라　171
7. 과감하게 결정하라　177

5장
성장

리더는 어떻게 지치지 않고 성장하는가?

1. 완성되었다는 착각에서 벗어나라　185

2. 워크에식(Work Ethic)으로 기준을 확립하라　191

3. 루틴을 끝까지 지켜라　195

4. 복기(復棋)는 복리(複利)이다　200

5. 흥분을 다스려 승리를 지켜라　205

6. 리더에게 고독은 숙명이다　211

7. 신뢰할 수 있는 멘토를 찾아라　216

에필로그
지금, 타임아웃이 필요한 순간

222

TIME OUT

1장

관점

나는 명확한 리더십 관점을 갖고 있는가?

"당신이 어디에서 시작했느냐보다
어디로 향하고 있는가가 중요하다."

— 아서 애쉬(Arthur Ashe), 미국 테니스 선수

TIME OUT!
Checklist

1장은 리더십의 출발점인 '관점'을 다룹니다. 리더가 어떤 시선으로 리더십을 바라보느냐가 곧 조직의 성과와 성장을 견인합니다. 명확한 관점은 리더십의 방향을 정립하고, 구성원이 두려움 없이 몰입할 수 있게 합니다.

Key Points

1. 리더는 성과와 성장을 함께 견인하는 존재다.
2. 흔들림 없는 철학이 조직의 나침반이 된다.
3. 명확한 기준은 심리적 안전감을 만든다.
4. 책임을 회피하지 않고 결과를 감당해야 한다.
5. 구성원을 고객처럼 존중할 때 신뢰가 쌓인다.
6. 상황에 맞는 리더십을 선택해야 한다.
7. 전략은 실행될 때 비로소 완성된다.

Focus Question

나는 지금 어떤 관점으로 리더십을 바라보고 있는가?

1.
리더의 역할을
명확히 정의하라

건달의 정체성 ————

"학생은 공부를 해야 학생이고, 건달은 싸워야 할 때 싸워야 건달입니다. 주디로만 나불나불댄다고 다가 아닙니다."

이 대사는 제가 가장 좋아하는 영화 중 하나인 〈범죄와의 전쟁〉에서 조직폭력배 두목 최형배(하정우)가 자신의 대부인 최익현(최민식)에게 하는 말입니다. 건달은 단순히 말로만 떠드는 것이 아니라, 행동으로 자신을 증명해야 한다는 의미를 담고 있습니다. 영화에서 최형배는 주먹 하나로 부산을 장악한 조직의 보스였습니다. 그는 대부 최익현을 만나면서 조직의 세력과 금전적 이득을 키우는 다양한 방식을 모색했지만, 결국 건달로서의 정체성은 주먹으로 보여주는 것임을 다시 한번 확인시켜 주었습니다. 최익현

역시 그를 단순한 사업 파트너로 여겼다가, 그가 부산을 휘어잡는 건달이었음을 그제야 실감했을 것입니다.

그렇다면 리더는 어떤 사람일까요? 다양한 리더십 이론이 존재하지만, 확실한 것은 리더는 조직의 성과를 만들어내기 위해 움직이는 사람이라는 점입니다. 리더십을 발현하는 방식은 상황과 성향에 따라 아버지처럼 엄격할 수도, 어머니처럼 따뜻할 수도, 이웃집 아저씨처럼 친근할 수도 있습니다. 그러나 본질적으로 리더가 가야 할 길은 조직의 성과 창출과 구성원의 성장을 견인하는 것입니다.

과거에는 카리스마 리더십이 주류를 이루며 리더의 권위를 강조하는 경향이 강했습니다. 그러나 오늘날에는 서번트 리더십, 참여적 리더십, 수평적 리더십, 코칭 리더십 등 다양한 리더십 스타일이 등장하며, 리더의 역할과 모습도 변화하고 있습니다. 그러나 이러한 변화는 단지 실행 방식의 다양성을 의미할 뿐, 조직과 구성원이 리더에게 기대하는 근본적인 역할에는 변함이 없습니다.

하지만 현실에서는 리더가 다양한 리더십 스타일을 실천하려 노력하면서도, 정작 자신의 역할을 명확히 인식하지 못하는 경우를 종종 목격합니다. 실무자는 주어진 역할에 집중하면 됩니다. 하지만 리더는 조직과 구성원을 종합적으로 바라봐야 합니다. 그리고 이들이 성과 창출이라는 목적지에 도달할 수 있도록 조율하고 지휘해야 합니다. 만약 리더가 자신의 역할을 명확히 이해하지 못한다면, 그 조직이 성공을 거두기는 어려울 것입니다.

마라도나의 실패 ─────

축구 역사상 세계 최고의 선수 중 한 명으로 꼽히는 디에고 마라도나는 선수 시절 아르헨티나 국가 대표로 월드컵 우승과 MVP를 차지했습니다. SSC 나폴리에서는 이탈리아 리그와 UEFA컵 우승을 차지했던 전설적인 축구 선수였습니다. 이러한 경력을 인정받아 2010년 FIFA 남아프리카공화국 월드컵을 앞두고 아르헨티나 대표팀 감독으로 선임되었습니다. 당시 대표팀에는 리오넬 메시를 비롯해 앙헬 디 마리아, 하비에르 마스체라노, 세르히오 아게로, 카를로스 테베스 등 화려한 스쿼드(선수단 구성)가 포진해 있었습니다. 이에 많은 축구팬들은 마라도나 감독과 리오넬 메시 조합이 아르헨티나를 다시 한번 월드컵 우승으로 이끌 것이라고 기대했습니다.

그러나 마라도나 감독은 리더로서의 준비가 부족했습니다. 그는 자신이 선수 시절에 사용했던 구식 전술을 그대로 적용했고, 심지어 메시의 개인 기량에 의존하는 단순한 운영을 펼쳤습니다. 또한 선수 기용에서도 공정성을 잃었고, 플랜 A가 무너졌을 때 플랜 B를 준비하지 못하는 모습을 보였습니다. 대회를 준비하는 도중 일부 선수들과 감정적인 갈등을 빚으며 팀을 효과적으로 운영하지 못했고, 결국 기대와 달리 월드컵 8강에서 탈락하는 결과를 초래했습니다.

마라도나 감독의 실패에는 여러 요인이 있겠지만, 리더십의 관점에서 리더가 존재하는 이유와 역할을 충분히 인식하지 못한 것이 가장 큰 원인이었습니다. 리더는 다양한 요소를 고려하며 균형을 유지하고, 조직과 구성원을 조율하는 역할을 해야 합니다. 하지만 마라도나 감독은 특정 선수에게만 집중하며 전술적 유연성을 발휘하지 못했고, 결국 리더로서 미숙함을 드러냈습니다.

리더는 나침반이다

리더가 해야 할 가장 중요한 일은 자신의 역할을 명확히 인식하는 것입니다. 리더십 스타일과 성향은 사람마다 다를 수 있습니다.

그러나 궁극적인 목적지는 조직의 성과 창출과 구성원의 성장으로 귀결되어야 합니다. 리더가 목적지를 분명히 설정해야 조직과 구성원들도 두려움 없이 그 방향으로 나아갈 수 있습니다. 방법은 다양할 수 있어도 목적지는 하나여야 합니다. 리더의 정체성과 철학이 명확할 때, 조직과 구성원들은 목표를 향해 한 방향으로 나아갈 수 있기 때문입니다.

결국, 리더십은 단순한 기술이 아니라 철학과 태도의 문제입니다. 리더가 자신의 역할을 얼마나 깊이 이해하고 실행하는가에 따라 조직의 성과는 달라집니다. 명확한 비전과 목표를 설정하고, 조직의 구성원들에게 이를 공유하며 방향을 함께 맞춰가는 것이 리더의 가장 중요한 임무입니다. 시대가 변함에 따라 리더의 모습도 바뀔 수 있지만, 궁극적으로 리더는 조직의 나침반이 되어야 합니다. 조직이 혼란을 겪을 때, 리더는 중심을 잡고 올바른 방향으로 조직을 이끌어야 합니다. 그리고 그 과정에서 신뢰와 존경을 얻을 수 있을 때, 진정한 리더로 자리 잡을 수 있습니다.

2.

자신만의 철학으로
팀을 이끌어라

월드컵 4강 신화의 원동력 ────

2002년 월드컵에서 대한민국을 사상 첫 4강으로 이끈 히딩크 감독은 한국 축구 역사상 가장 위대한 성과를 이룬 지도자로, 국민적 영웅으로 평가받습니다. 그는 월드컵 16강 진출이라는 목표를 넘어 4강 신화를 이루며, 축구공 하나로 온 국민을 하나로 묶은 상징적 인물이 되었습니다.

히딩크 감독은 대회가 시작되기 1년 6개월 전부터 국가대표 팀 지휘봉을 잡았습니다. 당시 대한민국은 월드컵 개최국으로서 16강 진출을 목표로 삼았지만, 과거 월드컵에서 단 한 번도 승리하지 못한 축구 변방 국가로 평가받았습니다. 그러나 그는 1998년 프랑스 월드컵에서 네덜란드 대표팀을 이끌며 뛰어난 지도력을 인정받은 세계적 명장이었습니다. 그래서 그의 선임은 국민적 기대를 불러일으켰습니다.

그러나 부임 초기, 히딩크 감독은 세계 축구 강국과의 평가전에서 연패를 기록하며 많은 의구심을 받았습니다. 하지만 그는 단기 성과에 흔들리지 않고 자신의 팀 운영 철학과 비전을 일관되게 실천했습니다. 그의 운영 철학은 크게 세 가지로 요약됩니다.

첫째, 공정한 경쟁을 통해 기회를 부여한다.
둘째, 과학적이고 체계적인 훈련을 도입한다.
셋째, 실패를 두려워하지 않는 도전 정신을 강조한다.

그는 이름값에 의존하던 선수 선발 방식을 배제하고, 공정한 경쟁을 통해 박지성, 이영표, 송종국과 같은 새로운 주역을 발굴했습니다. 또한, 한국 선수들은 세계적인 팀들과 비교했을 때 전체적인 기량이 부족하다는 평가를 극복하기 위해 과학적 훈련으로 체력, 정신력, 기술력을 동시에 끌어올렸습니다. 아시아권 팀과의 평가전을 지양하고 세계 강호와 맞붙으며 성장 가능성을 키운 것도 특징입니다. 그 결과, 대한민국 대표팀은 16강을 넘어 사상 첫 4강에 올랐고, 이는 히딩크 감독의 일관된 철학과 원칙 덕분이었습니다. 이영표 선수는 "히딩크 감독님의 명확한 목표 설정과 지시가 강한 동기부여가 되었다"라고 말했고, 박지성 선수는 "이 사람은 나를 어디까지 끌어낼 수 있을까?"라는 신뢰와 기대감을 느꼈다고 회상했습니다.

흔들리지 않는 철학의 중요성

리더의 명확한 철학은 구성원들에게 방향성을 줍니다. 리더십의 구현 방법은 상황에 따라 조정될 수 있지만, 리더십 철학은 근본적으로 조직과 구성원이 바라볼 수 있는 북극성과 같아야 합니다. 명확한 철학이 있으면 구성원들은 두려움 없이 문제 해결에 나섭니다. 만약 히딩크 감독이 당시의 비난에 흔들렸다면 4강 신화는 불가능했을 것입니다. 그러나 그는 끝까지 철학을 고수하며 한국 축구가 성장할 수 있는 발판을 마련했습니다.

히딩크 감독의 리더십 철학은 대표팀의 조직 문화로 자리 잡았습니다. 이 철학을 중심으로 한 시스템은 선수들의 생각과 행동을 올바른 곳에 뿌리내리게 했고, 긍정적인 조직 문화를 형성했습니다. 명확한 철학을 세우고 실천하는 것은 성공적인 조직 문화를 만드는 핵심 과제입니다. 구성원들이 리더의 생각과 말을 신뢰할 때, 리더십은 구성원들에게 두려움 없는 도전을 가능하게 하고 심리적 안전감을 형성합니다.

2002년 이후 그의 여정은 끝났지만, 그 성과는 다수의 선수를 유럽 무대로 이끌었고 손흥민 같은 월드 클래스 선수가 나올 수 있는 기반이 되었습니다. 그의 노력과 헌신은 단기 성과를 넘어 한국 축구의 수준을 높이는 데 크게 기여했습니다.

소통으로 완성하라

리더가 철학을 세우는 것만큼 중요한 것은 그것을 구성원들과 공유하는 일입니다. 히딩크 감독은 선수들과의 소통의 중요성을 강조하며, 때로는 언론을 활용해 선수들에게 자극을 주었습니다. 예를 들어 당시 '테리우스'로 불리던 안정환을 두고 "너무 예쁘게만 축구를 한다. 소속팀에서 벤치에만 앉아 있는 선수를 월드컵에 데리고 갈 수 없다."라고 말하며 분발을 촉구했습니다. 그는 끊임없이 철학과 기준을 전하며 공감을 이끌어냈습니다.

세계 강호와의 평가전에서 연패가 이어지자 언론은 "히딩크 감독을 믿고 월드컵을 치를 수 있겠느냐?"라고 비판했습니다. 그러나 그는 "우리의 목표는 월드컵이지 평가전 결과가 아니다. 선수들은 옳은 방향으로 가고 있다."라며 흔들림 없는 신뢰를 보여주었습니다.

히딩크 감독은 구성원이 철학에 따라 행동했음에도 결과가 좋지 않을 때 책임을 묻지 않고 격려했습니다. 방향이 옳았다면 다음 기회를 준비할 수 있도록 독려했습니다. 설령 실수가 있더라도, 리더가 감싸줄 때 구성원은 리더십 철학을 더욱 신뢰할 수 있습니다.

리더의 철학은 조직과 구성원이 스스로 움직이는 조직 문화를 만드는 씨앗입니다. 철학이 명확하고 흔들리지 않을 때 구성원들은 자발적으로 정해진 룰 안에서 기량을 발휘합니다. 철학과 방향이 없는 리더십은 외부 환경에 흔들릴 수밖에 없습니다. 올바른 조직 문화는 리더의 명확한 철학과 기준에서 시작된다는 점을 모두가 인식해야 합니다.

3.

일관된 기준으로
신뢰를 확립하라

스트라이크존의 상대성 ―――――

흔히들 야구를 투수 놀음이라고 합니다. 지명 타자를 포함한 10명의 선수들 중에서 승패에 가장 많은 영향을 미치는 포지션이 투수이기 때문입니다.

야구 경기의 승패에 투수가 가장 큰 영향을 준다고 한다면, 투수에게는 무엇이 가장 큰 영향을 미칠까요? 상대팀 타자? 경기장을 가득 메운 관중? 이외에도 여러 가지 요인들이 있을 수 있겠지만, 저는 투수의 경기력에 가장 큰 영향을 주는 것은 심판의 판정 기준이라고 생각합니다.

투수는 공의 속도와 변화를 조절해 타자의 방망이를 피하는 것을 목표로 공을 던집니다. 자신이 던진 공이 타자의 헛스윙을 유도하거나 스트라이크존을 통과해야 비로소 목표를 달성합니다. 그렇기 때문에 심판의 판정 기준은 투수에게는 매우 중요한 요소라고 생각합니다.

야구 경기 중계를 보다 보면 "오늘 주심은 높은 볼에 손이 많이 올라갑니다!"(높은 볼을 스트라이크로 판정한다)라는 식의 멘트를 들을 수 있습니다. 야구의 스트라이크존은 분명 명확한 기준이 있는데 심판의 성향에 따라서 기준이 달리 적용되는 것은 불합리하게 들릴 수 있습니다. 그러나 스트라이크존을 설정하는 과정에는 3차원적인 공간으로 구성된 스트라이크존의 추상적인 특성, 심판의 시각적 한계와 경험과 성향 등이 복합적으로 반영되어 심판의 재량을 용인합니다. 야구 중계 해설진은 그런 상황을 보면서 "주심의 존이 다소 높아도 그것이 일관적으로 유지된다면 문제될 것이 없습니다. 이제 투수는 주심의 스트라이크존에 빨리 적응할 수 있어야 합니다!"라고 합니다. 스트라이크존에 대한 주심의 재량은 인정하되, 그것이 일관적으로 유지된다면 경기를 진행하는 데 문제가 없음을 보여줍니다.

일관된 기준 적용의 중요성

그러나 문제는 심판이 설정한 스트라이크존이 일관되게 적용되지 못할 때 발생합니다. 심판도 사람이기 때문에 매번 날아오는 공을 완벽하게 판정할 수는 없습니다. 하지만 매번 날아오는 공을 다른 기준으로 판단하면 투수는 물론 타자까지도 경기력에 심각한 영향을 받을 수 있습니다. 그래서 야구계에서 스트라이크존은 갑론을박이 끊임없이 발생하는 영역이기도 합니다. 이 때문에 한국 야구 위원회(KBO)는 좀 더 정확한 볼-스트라이크 판정을 위해 자동 투구 판정 시스템(Automatic Ball-Strike System, ABS)을 도입하기도 했습니다.

야구 심판의 스트라이크존 설정과 마찬가지로 직장인들의 업무성과 창출에 있어서 가장 큰 영향을 미치는 것은 리더의 의사 결정 기준입니다. 어떤 기준을 적용하는가에 따라서 구성원의 업무 결과가 성공이 될 수도, 실패가 될 수도 있기 때문입니다. 특히 숙련도가 낮은 직원일수록 리더의 기준에 의존하여 업무를 수행하는 경향이 있습니다. 그렇기 때문에 리더의 의사 결정 기준은 명확해야 하며, 일관성을 유지해야 합니다.

리더의 기준은 구성원들이 문제 상황에 맞닥뜨렸을 때, 그것을 풀어가는 기준점이 됩니다. 따라서 무엇보다 명확하고 일관적이어야 합니다. 명확한 리더의 의사 결정 기준이라는 엄호 사격이 있을 때, 구성원들은 다양한 문제 상황에서도 두려움 없이 뛰어들 수 있습니다.

명확한 기준이 몰입과 성과를 만든다

2002년 대한민국 월드컵 대표팀의 거스 히딩크 감독은 한국 축구 역사상 첫 월드컵 4강 진출을 이룬 영웅입니다. 그가 이전 지도자들과 달랐던 점은 무한 경쟁 체제에서 살아남은 선수에게만 기회를 준다는 원칙을 고수한 것입니다. 과거에는 선수의 배경이나 이름값이 선발에 영향을 미쳤습니다. 하지만 히딩크 감독은 공정한 경쟁에서 살아남은 검증된 선수만 발탁했습니다. 그래서 선수들은 불필요한 고민 없이 경쟁에서 살아남기 위해 목표에 몰입할 수 있었습니다. 이영표 선수는 "우리는 히딩크 감독을 믿었기에 감독님을 위해서는 죽을 수도 있겠다는 생각이 들었다"라고 말하며 히딩크 감독에 대한 신뢰를 표현했습니다. 이렇게 명확한 기준이 지속적으로 지켜지면 구성원은 신뢰를 갖고 몰입할 수 있습니다.

그러나 우리 주변에는 유연한 의사 결정이라는 명분으로 포장하면서 자신이 세웠던 기준을 호떡 뒤집듯이 번복하는 리더들을 심심치 않게 목격합니다. 그럴 경우 리더 본인은 유연한 의사 결정을 했다고 자부할 수 있습니다. 하지만 실무자들에게는 엄청난 혼란과 사기 저하를 초래합니다. 그리고 이렇게 발생한 혼란과 사기 저하는 리더에 대한 구성원의 신뢰감마저 무너뜨리는 심각한 상황을 야기시킬 수 있습니다.

따라서 리더의 의사 결정 내용은 바뀔 수 있더라도 그것을 결정하는 기준은 쉽게 바뀌면 안 되는 것입니다. "생각은 깊게 하고 말은 무겁게 하라."라는 말이 있듯이 **리더의 의사 결정 기준과 업무 지시는 성공적인 업무 수행은 물론이고 구성원의 성취감과 동기 부여라는 측면에서도 신중하게 결정되어야 합니다.** 그리고 그렇게 결정된 기준은 구성원들에게 '뒤돌아보지 않고' 업무의 성공으로 나아갈 수 있는 추진력이 되어줄 것이며, 또 흔들리지 않고 나아갈 수 있는 기준점, 나침반이 되어줄 것입니다.

4.

어떤 상황에서도
비겁해지지 말라

책임 회피의 함정

누군가가 제게 "당신이 경험한 리더의 행동 중 가장 최악의 행동은 무엇입니까?"라고 묻는다면 저는 주저 없이 책임을 회피하는 리더라고 답하겠습니다. 리더는 조직을 이끄는 방향을 설정하고, 구성원들은 그를 믿고 따릅니다. 하지만 결과가 좋지 않을 때 리더가 책임을 회피하거나 문제의 원인을 구성원들에게 돌린다면 조직 내 신뢰가 무너지고, 구성원들은 방어적인 태도를 취합니다.

업무 지시 때는 확신에 찬 태도를 보이면서도, 결과가 좋지 않으면 책임을 외면하는 리더는 가장 나쁜 리더의 모습입니다. 업무 지시할 때는 확신을 강조하면서도, 결과가 좋지 않으면 실무자의 실수로 몰아가기도 하고, 자신이 지시한 사실조차 부정하기도 합니다. 이런 환경에서는 구성원이 리더를 신뢰하지 않고 리더의 지시를 검증하는 데에 치중하게 되며, 이는 결국 조직의 비효율로 이어집니다.

책임을 회피하는 리더의 또 다른 특징은 '악역을 맡기를 꺼린다'라는 점입니다. 조직의 발전을 위해 단호한 결정을 내려야 하는 순간에도 직접 부정적인 메시지를 전달하지 못합니다. 돌려 말하거나 외부 압력 때문인 것처럼 포장하는 경우가 많습니다. 차라리 솔직하게 개선을 요구하는 것이 훨씬 더 효율적이고 불필요한 오해를 방지하는 방법입니다. 이미지를 지키려 책임을 회피하는 것은 리더로서 비겁한 행동입니다.

특히 조직이 위기에 처했을 때, 책임을 회피하는 리더는 조직의 안위와 상관없이 자신의 안위만 지키려 하는 본성이 더욱 드러납니다. 위기 상황에서 리더는 문제 해결의 방향을 제시해야 합니다. 애매한 태도를 유지하거나 책임을 떠넘기면 조직의 사기가 떨어집니다. 이런 태도가 반복되면 구성원은 조직에 대한 애정과 헌신을 잃고, 조직 전체는 침체에 빠집니다.

리더와 구성원 간의 관계에서 가장 중요한 요소는 신뢰입니다. 리더가 어떠한 상황에서도 책임을 지고 조직을 이끌어 나간다면 구성원들은 두려움 없이 목표를 향해 나아갈 수 있습니다. 하지만 신뢰가 무너지면 리더의 말과 지시에 대한 불신이 커지고, 결국 조직 전체가 비효율적으로 운영되는 악순환이 반복됩니다.

김태형 감독의 정면 승부

책임감 있는 리더십의 대표적인 사례로 저는 야구인 김태형 감독을 주목합니다. 그는 2015년 두산 베어스의 감독으로 부임한 이후 7년 연속 한국 시리즈에 진출하며 3번의 우승을 거둔 명장입니다. 그의 리더십은 명확한 기준 설정과 소통, 그리고 결과에 대한 책임감으로 요약됩니다.

김태형 감독은 선수 선발에서 이름값이나 경력보다 현재 기량과 가능성을 중시했고, 선발된 선수에게 꾸준한 기회를 주며 신뢰를 보냈습니다. 그는 '화수분 야구(끊임없이 유망주가 배출되는 시스템)'로 불리는 특유의 운영법으로 두산 베어스의 유망주들을 성장시켰으며, 박건우, 허경민, 이영하, 정철원 같은 선수들을 국가 대표급으로 키워냈습니다.

하지만 그는 단순한 온정주의자가 아니었습니다. 선수들이 기대에 못 미치는 모습을 보이면 단호한 결정을 내렸습니다. 중계 카메라가 비추는 상황에서도 선수를 불러 질책했고, 1군 주축 선수라도 기준에 미치지 못하면 냉정하게 2군으로 내려 보냈습니다. 그 과정에서 중요한 것은 원칙이었으며, 선수들이 납득할 수 있는 기준을 제시하고 일관된 결정을 내렸다는 점입니다.

또한 그는 책임을 피하지 않는 감독이었습니다. 특정 선수가 1군 명단에서 갑자기 제외될 경우, 일반적인 감독들은 팀 내부 사정을 외부에 알리는 것을 꺼리지만, 그는 명확한 이유를 공개하며 선수의 분발을 촉구했습니다. 이런 방식은 오해나 비난을 부를 수도 있었지만, 그는 팀과 선수 성장에 집중하며 불필요한 잡음을 줄였습니다. 이런 책임 있는 태도는 선수들에게 분명하고 강력한 메시지를 전달했으며, 결국 7년 연속 한국 시리즈 진출과 3번의 우승이라는 성과를 이끌어냈습니다.

그의 리더십이 빛난 순간은 2018년 한국 시리즈 패배 이후였습니다. 많은 팬들이 특정 선수의 실책을 원망했지만, 그는 인터뷰에서 "우리 팀이 못해서 진 것이지, 누구 한 명의 잘못이 아니다. 선수들은 최선을 다했다. 책임은 나에게 물어달라."라고 말했습니다. 그리고 이듬해 다시 한국 시리즈 우승을 차지하며 자신의 말에 대한 책임을 결과로 증명했습니다.

그러나 그는 8번째 시즌에서 10개 팀 중 9위라는 저조한 성적을 기록했고, 결국 재계약에 실패했습니다. 그는 "과거 성적은 중요하지 않다. 지금의 결과로 평가받는 것이 프로 감독이다. 모든 것은 나의 책임이다."라고 밝혔습니다. 그의 이런 태도는 비난보다는 존경과 응원을 받았습니다.

행동으로 증명하라

조직에서 리더는 권한뿐만 아니라 책임도 함께 부여 받습니다. 리더에게 권한과 책임은 동등하게 중요한 요소이며, 어느 하나가 우선할 수 없습니다. 하지만 권한 행사에는 적극적이면서 결과에 대한 책임은 회피하는 리더들이 많습니다. 이런 태도는 구성원의 신뢰를 잃게 합니다. 구성원들이 리더를 신뢰하지 않는 순간부터 조직의 실패는 시작됩니다.

리더가 구성원들의 신뢰를 받으려면 행동으로 보여줘야 합니다. 말뿐인 리더십은 장기적으로 조직을 이끌어갈 힘이 없습니다. 책임을 지고 솔선수범하는 리더일수록 구성원들은 더욱 신뢰하며 조직을 위해 최선을 다합니다. 책임을 회피하는 순간 리더의 영향력은 급격히 줄어듭니다. 그리고 조직은 방향을 잃습니다.

권한과 책임을 함께 무겁게 받아들이는 리더일수록 구성원은 그를 신뢰하고 자신의 역할과 목표에 몰입합니다. 그런 점에서 김태형 감독은 자신에게 주어진 권한과 책임을 온전히 받아들이고 행동했던 리더의 좋은 사례입니다.

책임을 회피하는 것은 리더답지 못한 행동입니다. 리더에게 주어진 권한은 책임을 수행한다는 전제하에 부여된 것입니다. 그래서 리더는 권한을 행사하기 전에 책임의 무게를 깊이 인식하고 모든 결정을 신중히 고민해야 합니다. 책임을 지는 리더는 조직의 신뢰를 얻을 수 있으며, 구성원들은 두려움 없이 자신의 역할과 조직의 목표에 집중할 수 있습니다.

5.

구성원을
진심으로 존중하라

고객의 다양성 ─────

많은 기업은 경영 철학과 핵심 가치에서 '고객'을 최우선으로 내세웁니다. 고객이 만족하는 제품과 서비스를 제공해야 기업이 존재하고, 더 큰 발전을 기대할 수 있기 때문입니다. 고객을 외면하는 기업이 지속적인 성장을 이루는 것은 결코 가능하지 않습니다. 그래서 많은 기업들은 고객들이 어떤 생각을 하고 있으며, 어떤 가치를 기대하는지를 면밀히 들여다보고 진정성 있게 고민합니다.

그렇다면 '고객'이란 어떤 사람일까요? 단순히 생각하면, 고객은 기업이 생산하는 제품이나 서비스를 구매하는 사람을 의미합니다. 하지만 이보다 조금 더 구체적으로 들어가 보면, 마케팅에서는 구매에 영향을 미치는 모든 사람들의 집합을 '바잉 센터

(Buying Center, 조직의 구매 과정에 참여하는 이해관계자 집합)'라고 정의합니다. 바잉 센터 이론은 고객의 구매 결정을 단순한 개인의 행위로 보지 않고, 다양한 역할과 영향력이 복합적으로 작용하는 입체적인 과정으로 해석합니다.

바잉 센터는 여섯 가지 역할로 나뉩니다. 구매를 제안하는 '문제 제기자(Initiator)', 실제 제품을 사용하는 '사용자(User)', 의사 결정에 조언하는 '영향자(Influencers)', 최종 결정을 내리는 '결정자(Deciders)', 실질적인 구매를 진행하는 '구매자(Buyers)', 정보의 유입을 통제하는 '문지기(Gatekeepers)'입니다. 이처럼 고객을 단일 주체가 아니라 '역할의 집합'으로 보는 시각이 중요하며, 이는 단순히 마케팅뿐만 아니라 리더십, 조직 운영 전반에 걸쳐 확장할 수 있습니다.

이 개념을 스포츠 현장에 적용한다면 산업을 구성하는 각 계층의 역할과 기능을 연결할 수 있습니다. 팬의 입장에서 구단은 생산자이자 판매자이고, 선수는 구단이 제공하는 제품이며, 팬은 이를 소비하는 고객입니다. 반면에 선수의 입장에서 보면 구단은 자신의 재능과 가치를 구매하는 고객이며, 팬은 자신의 브랜드와 성과에 영향을 주는 또 다른 고객입니다. 시섬에 따라 역할은 달라지지만, 결국 모든 관점에서 팬은 스포츠 생태계의 진정한 고객임이 분명합니다.

고객 인식의 중요성

최근 한국 스포츠계에서는 일부 선수들의 팬 서비스 부족으로 거센 비판이 일어났습니다. 농구계에서는 경기 후 하이 파이브를 기다리던 소녀 팬을 선수들이 무심히 지나친 사례가 있었고, 야구계에서는 선수들이 팬들의 사인 요청을 무시하거나 거부하는 사례들이 발생했습니다. 이에 따라 언론과 팬들은 팬 서비스를 외면한 선수들을 강하게 비난하며 개선을 요구했습니다.

이런 와중에 팬 서비스와 관련된 이슈에 기름을 부은 사건이 발생했습니다. 국가대표 야구 선수 출신의 A 씨가 "선수 없으면 팬도 없다!"라며, 다소 격앙된 주장을 통해 팬들의 비난을 산 것입니다. 그는 자신의 유튜브 채널에서 일부 프로 야구 선수들의 팬 서비스 정신 결여와 관련한 이슈와 관련하여, '일부 갑질하는 팬들에 대해'라는 콘텐츠를 방송했습니다.

일부 팬을 겨냥했지만, 선수들의 사생활과 루틴을 존중하지 않고 사진 촬영과 사인을 요구하는 행태를 비판했습니다. 이와 관련해 시청자들은 채팅과 댓글을 통해 "팬이 있어야 선수도 있는 것이다."라고 반박했는데, A 씨는 시청자와의 논쟁 중 "선수에게 무조건 팬 서비스를 요구해선 안 된다."라고 반박했고, 급기야 "선수가 없으면 팬도 없다."라고 말했습니다.

이에 한 시청자는 댓글로 "선수들 월급을 누가 주나?"라고 반문했으며, A 씨는 "회사원들이 일 열심히 해서 회사에서 돈 주는 것처럼 야구 선수도 열심히 하면 구단이 높은 연봉을 책정해 지급한다"라고 맞받아쳤습니다. 물론 이것은 시청자와의 대화 중에 감정적으로 나온 발언이지만, 이 발언은 본인의 의도와는 다르게 프로 선수들의 고객 인식이 잘못되었다는 반응을 촉발했습니다. 후에 A 씨는 추가적인 방송을 통해서 해당 발언은 시청자와의 대화 중에 우발적으로 나온 발언이었으며, 본인은 팬이 있기에 선수와 리그가 존재한다는 것을 인식하고 있다고 말했습니다. 또한, 일부 갑질하는 팬들에 대한 의견을 이야기한 것이라는 해명을 함으로써 논란은 일단락되었습니다.

이 사건은 스포츠에서도 '누가 진짜 고객인가'에 대한 인식이 얼마나 중요한지를 보여줍니다. 특히 팬을 단순히 응원하는 사람으로

만 볼 것인지, 아니면 생태계를 유지하고 지속 가능하게 만드는 결정적인 고객으로 볼 것인지에 따라 대응 방식과 태도는 달라질 수밖에 없습니다. 결국, 리더십이 작동하는 방식도 이와 크게 다르지 않습니다. 조직 내에서 리더는 누구를 '고객'으로 인식하는가에 따라 그 태도와 방향성이 달라집니다. 그리고 그 인식의 차이가 결국 조직의 신뢰와 성과를 가르는 중요한 기준이 됩니다.

구성원이라는 이름의 고객

많은 리더들은 상사의 요구에 부응하는 것을 우선시합니다. 물론 그것도 중요하지만, 실제로 리더십이 발휘되는 순간은 함께 일하는 구성원들이 "이 리더와 함께 일하고 싶다"고 느낄 때입니다. 구성원의 신뢰와 존중 없이 리더십은 기능할 수 없으며, 성과도 따라오지 않습니다. 구성원이 리더의 말보다 진심을 믿을 수 있어야 하고, 리더는 구성원의 성장을 돕고 그 가능성을 지지하는 존재여야 합니다.

리더는 구성원도 자신의 고객이라는 인식을 가져야 합니다. 그들의 기대를 듣고, 적절한 피드백을 주며, 성장할 기회를 제공하려는 의지를 보여야 합니다. 실제로 많은 조직이 구성원 이탈에 어려움을 겪고 있습니다. 그 이면에는 구성원이 존중받지 못하고 있다는 감정이 자리 잡고 있는 경우가 많습니다. 팬이 있어야 선수가 있듯, 구성원이 있어야 리더도 존재합니다. 리더가 구성원의 목소리에 귀 기울이고, 함께 성장하고자 할 때 팀은 비로소 움직입니다.

진정한 리더십은 위를 향한 충성이 아니라, 옆과 아래를 향한 존중에서 시작됩니다. 누가 나의 고객인가에 대한 인식이 바뀔 때, 리더십의 방향도 바뀌고, 구성원들은 자발적으로 움직이기 시작할 것입니다. 그때부터 리더십은 '관리'가 아니라 '관계'가 됩니다. 그리고 그 관계 안에서 사람은 비로소 움직이고, 조직은 진짜로 성장하기 시작합니다.

결국, **리더가 바꿔야 할 것은 구성원이 아니라 '구성원을 바라보는 리더의 관점'**입니다.

6.

상황에 맞춰
리더십 스타일을 선택하라

완성형 리더 vs 육성형 리더 ─────

리더의 역할은 조직의 성과를 창출하는 것입니다. 리더십을 연구하는 전문가마다 리더십을 정의하는 방식은 다양합니다. 그러나 공통적으로 리더는 조직의 목표를 달성하기 위해 구성원들을 이끌고, 성과를 극대화하는 존재라는 데 동의합니다. 그렇다면 조직이 최고의 성과를 내고 이를 지속적으로 유지하기 위해 가장 중요한 요소는 무엇일까요? 그것은 바로 인재를 선발하고 육성하는 것입니다.

리더는 성과 창출뿐만 아니라 인재의 성장에도 깊은 관심을 가져야 합니다. 리더십 유형을 구분하는 기준 중 하나가 바로 완성형 리더와 육성형 리더입니다. 완성형 리더는 즉각적인 성과 창출을 위해 최적의 인재로 조직을 구성하는 목표 지향적인 리더십을 실행합니다. 또한 육성형 리더는 인재 육성과 성장을 리더십의 핵심 목표로 삼습니다.

완성형 리더와 육성형 리더는 각각의 강점이 있습니다. 완성형 리더는 빠르게 성과를 창출할 수 있도록 최적의 인재 조합을 구축하며, 육성형 리더는 지속적인 성과를 낼 수 있는 시스템과 조직 문화를 형성하여 장기적인 안정성을 제공합니다. 따라서 어느 리더십이 더 낫다고 단정할 수 없으며, 업무 성격과 조직 목표에 맞는 리더십을 적용하는 것이 중요합니다.

스포츠에서도 완성형 리더와 육성형 리더의 역할이 다릅니다. 올림픽이나 월드컵 같은 단기 대회에서는 완성형 리더가 요구됩니다. 국가대표 팀은 제한된 기간 안에 최적의 조합을 구성해 역량을 극대화해야 하므로, 효율적인 리더십, 즉, 완성형 리더십이 필요합니다. 반면 클럽 팀에서는 육성형 리더십이 더 적합합니다. 클럽 팀은 연간 50경기 이상을 소화하기 때문에 장기 전략과 다양한 전술적 대안을 마련해야 합니다. 따라서 육성형 리더는 선수들의 개별 역량을 키우면서도 장기적인 조직 운영을 고려해야 합니다.

완성형 리더는 뛰어난 선수들로 팀을 구성하고, 강한 통제력을 바탕으로 즉각적인 성과를 창출하는 데 특화된 리더십을 발휘합니다. 팀 목표를 명확히 설정하고, 선수들에게 규율과 역할 수행을 강조합니다. 개인의 개성보다 조직 목표 달성을 우선합니다. 따라서 즉각적인 성과가 필요한 팀이나 위기 조직에 적합한 리더십입니다.

대표적인 완성형 리더로는 펩 과르디올라 감독이 있습니다. 그는 철저한 전술과 강한 통제력을 바탕으로 바르셀로나와 맨체스터 시티를 정상으로 이끈 명장입니다. 그의 전술은 세밀하며, 선수들에게 한 치의 오차도 없이 이를 수행할 것을 요구합니다. 그는 개인보다 팀을 우선시하며, 전술을 따르지 않는 선수는 최고의 기량을 갖췄더라도 기용하지 않았습니다. 바르셀로나 시절, 팀 전술에 따르지 않는다는 이유로 즐라탄 이브라히모비치를 과감히 제외한 사례가 대표적입니다. 그는 강한 카리스마로 선수들에게 동기부여를 했지만, 지나친 전술 강조로 일부 선수와 마찰을 빚거나 창의적인 플레이를 제한하는 한계도 있었습니다. 또한 특정 전술에 맞는 선수만 선발해야 해 팀 빌딩이 어렵다는 단점도 있었습니다.

반면, 육성형 리더는 개개인의 성장과 팀의 장기적인 발전을 목표로 합니다. 팀워크와 협력을 중시하지만, 선수들의 강점과 잠재력을 고려해 전술과 운영 방향을 설정합니다. 리더십 실행 과정에서 소통과 공감을 강조하며, 개인의 자율성과 창의성을 존중하는 것이 특징입니다. 이러한 리더십은 단기적인 성과보다 장기적인 조직 개선과 변화에 적합합니다.

위르겐 클롭 감독은 전형적인 육성형 리더입니다. 그는 도르트문트와 리버풀에서 당시 무명이던 레반도프스키, 후멜스, 살라, 마네, 피르미누 등을 세계적인 선수로 성장시켰습니다. 또한 팀을 장기적으로 정상권에 올려놓았습니다. 클롭 리더십의 핵심은 감성적 리더십으로, 선수들과 깊이 소통하며 강한 유대감을 형성하는 것입니다. 그는 감독을 넘어 멘토, 친구, 가족 같은 존재로 다가갔고, 패배하더라도 공개 비판 대신 보호와 성장 기회를 제공했습니다. 2015년 리버풀 감독 부임 당시, 중위권에 머물던 팀을 5년 만에 프리미어 리그 우승팀으로 만들었으며, 정해진 전술에 국한되지 않고, 다양한 상황 변화에 유연하게 대응하는 리더십을 보여주었습니다. 그 결과, 리버풀은 프리미어 리그와 챔피언스 리그를 석권하는 강팀으로 성장했습니다.

리더십 밸런스가 필요하다

기업 환경에서도 국가대표 팀처럼 단기적인 성과 창출을 위해 인적·물적 자원을 집중하는 TF(Task Force, 임시 특별팀) 조직이 운영됩니다. TF는 단기 목표 달성을 위해 최적 인재를 모아 집중적으로 업무를 추진하며, 종료 후 해산됩니다.

반면, 정규 조직은 지속적으로 운영되는 형태로, 각 분야별 업무를 꾸준히 수행해야 합니다. TF의 경우, 짧은 기간 내 성과를 내야 하므로 완성형 리더가 적합합니다. 정규 조직에서는 장기적인 관점에서 조직을 만들어갈 수 있는 육성형 리더십이 중요합니다.

많은 기업과 조직에는 완성형 리더가 더 많습니다. 이는 단기 성과 중심 문화가 자리 잡았기 때문입니다. 하지만 장기적인 성장을 위해서는 육성형 리더가 반드시 필요합니다. 완성형 리더십에만 의존할 경우 특정 인력에만 조직이 의존하는 경향이 강해지며, 이들이 조직을 떠날 경우 운영에 공백이 생길 위험성이 큽니다. 또한, 차세대 리더를 육성하지 못하면 향후 조직의 안정성을 유지하기 어려워집니다. 따라서 단기 성과뿐 아니라 지속 성장과 변화, 혁신에 유연하게 대응하려면 완성형과 육성형 리더의 균형이 필요합니다.

조직에서 완성형과 육성형 리더십이 조화를 이루려면 명확한 전략이 필요합니다. 조직은 더 많은 리더를 육성하기 위해 중장기적인 양성 프로그램을 운영해야 하며, 단기 목표와 장기 전략의 조화를 촉진할 수 있도록 성과 평가에 대한 유연성을 확보해야 합니다. 또한 조직 내 다양한 리더십 스타일을 존중해 창의적이고 혁신적인 문화를 구축해야 합니다.

진정한 리더십의 핵심은 주어진 자원을 효율적으로 조합하여 최적의 성과를 창출하는 것입니다. **완성형 리더십과 육성형 리더십이 균형을 이루는 조직이야말로 장기적인 성과와 지속적인 발전을 이루는 조직이 될 수 있습니다.** 정해진 매뉴얼대로 재료만 넣어 완성되는 레토르트 제품(즉석조리 식품)을 최고의 음식이라고 평가하지 않듯이, 우리의 리더십에도 주어진 자원에만 의존하지 않고 다양한 상황 변화에 유연하게 대처하고 성과를 창출할 수 있는 육성형 리더십이 필요합니다. 이를 통해 조직과 구성원이 함께 지속적으로 성장할 수 있는 문화를 만들어야 할 것입니다.

7.

실행으로
아이디어를 완성하라

풀리지 않는 수수께끼 ───────

미국 메이저리그(MLB)에는 오랜 세월 동안 특정 팀들을 따라다닌 흥미로운 이야기가 있습니다. 바로 '저주'입니다. 단순한 징크스나 전설로 치부하기에는 그 영향이 지나치게 구체적이고 오래 지속되었습니다. 수십 년간 이어진 무관 기록은 단순한 우연을 넘어 팀의 정체성과 팬 문화에 깊이 뿌리내렸습니다.

가장 대표적인 세 가지 저주는 보스턴 레드삭스의 '밤비노의 저주', 시카고 화이트삭스의 '검은 양말의 저주', 그리고 시카고 컵스의 '염소의 저주'입니다.

'밤비노의 저주'는 보스턴 레드삭스가 1918년 우승 이후, 팀의 상징과 같았던 베이브 루스를 뉴욕 양키스로 트레이드한 비극적인 결정에서 시작되었습니다. 이후 레드삭스는 무려 86년 동안이나 월드 시리즈 우승의 문턱을 넘지 못했습니다. '검은 양말의 저주'는 1919년 월드 시리즈에서 화이트삭스 선수들이 승부 조작에 연루되어 고의로 패배한 사건에서 비롯되었으며, 이 불명예스러운 사건 이후 팀은 88년간 정상에 오르지 못했습니다. '염소의 저주'는 1945년, 한 팬이 애완 염소 '머피'와 함께 경기장을 찾았다가 냄새 문제로 컵스 구단에 의해 경기장에서 쫓겨난 사건에서 비롯됐습니다. 분노한 팬은 "컵스는 다시는 우승하지 못할 것이다."라고 저주를 퍼부었고, 놀랍게도 컵스는 그 후 108년 동안 월드 시리즈 우승과 인연이 없었습니다.

이 끈질긴 저주를 끊기 위한 노력은 간절하거나 해학적으로 이어졌습니다. 베이브 루스의 묘소를 찾아 참배하고, 팀에 깃든 불운을 쫓기 위한 유령 퇴치 의식을 거행하기도 했으며, 심지어 저주를 걸었던 염소의 후손을 경기장에 초대하는 퍼포먼스를 기획하기도 했습니다. 하지만 이러한 모든 시도는 안타깝게도 눈에 띄는 결과를 가져오지 못했습니다.

저주 파괴자 테오 엡스타인

그러나 이 악명 높은 세 가지 저주 중 두 가지, '밤비노의 저주'와 '염소의 저주'를 깨뜨린 인물이 등장했습니다. 바로 테오 엡스타인입니다. 그는 2002년, 28세라는 젊은 나이에 보스턴 레드삭스의 단장으로 부임하여 전통적인 야구단 운영 방식에 과감히 도전하며 '밤비노 저주'를 걷어내는 데 성공했습니다. 그리고 12년 후, 시카고 컵스의 사장으로 자리를 옮긴 그는 108년간 이어진 '염소의 저주'마저 종식시키는 놀라운 업적을 달성했습니다. 엡스타인은 메이저리그 역사상 가장 상징적인 두 저주를 모두 깨뜨린 전례 없는 인물로 기록된 것입니다.

엡스타인의 리더십은 단기 성과에 매몰되지 않았습니다. 그는 오랜 관행처럼 여겨졌던 감독이나 스카우트의 감 혹은 개인적인 직관에 의존하는 야구 운영 방식을 과감히 탈피하고, 객관적인 데이터 분석을 중심에 둔 혁신적인 시스템을 도입했습니다. 그것이 세이버메트릭스(Sabermetrics, 야구 통계 기반 분석 기법)로 불리는 통계 기반 분석입니다. 이 접근 방식은 선수의 명성이나 이미지와 같은 주관적인 요소보다 실제 기록과 수치화된 데이터를 통해 선수의 기량을 냉철하게 평가하는 것을 핵심으로 합니다.

실제로 미네소타 트윈스에서 방출되었던 데이비드 오티즈는 수비 능력에 약점이 있고, 체중 관리에도 어려움을 겪는 선수로 평가받았습니다. 그러나 엡스타인은 그의 뛰어난 장타력과 결정적인 순간에 발휘되는 집중력이라는 숨겨진 가치에 주목했습니다. 그리고 엡스타인의 통찰은 정확했습니다. 오티즈는 2004년 보스턴 레드삭스의 월드 시리즈 우승을 이끈 핵심 선수로 활약했으며, 그의 공헌은 단순한 우승을 넘어 86년간 이어진 저주를 끊는 역사적인 순간을 만들었습니다. 오티즈는 훗날 메이저리그 명예의 전당에 헌액된 최초의 지명 타자가 되었습니다.

엡스타인의 혁신적인 리더십은 보스턴에서 멈추지 않았습니다. 그는 시카고 컵스 사장으로 부임한 뒤, 단순히 뛰어난 선수를 영입하는 데 그치지 않고 조직 전체에 뿌리내린 패배주의 문화를 혁신하는 데 집중했습니다. 당시 컵스는 단순히 성적이 부진한 팀이 아니라, 오랜 실패 경험으로 인해 무기력감과 패배 의식이 만연한 조직이었습니다. 그는 이 문제 해결을 위해 'The Cubs Way'라는 철학을 세우고, 팀 전체가 공유할 방향성과 기준을 제시했습니다. 그 핵심은 기본기 강화, 강한 정신력 훈련, 데이터에 기반한 합리적인 의사 결정, 그리고 무엇보다 승리하는 문화를 조직 전체에 뿌리내리는 것이었습니다. 이러한 체계적인 노력 덕분에 컵스는 변화의 궤도에 올랐고, 2016년 월드 시리즈에서 클리블랜드 인디언스(현 클리블랜드 가디언스)를 극적으로 꺾으며 108년 동안 컵스를 짓눌렀던 '염소의 저주'를 깨는 감격적인 역사를 썼습니다.

전략으로 설계하고 실행으로 완성하라 ─────

이 두 번의 기적 같은 '저주 극복'을 단순한 우연이나 선수들의 일시적인 각성으로만 설명하긴 어렵습니다. 엡스타인의 리더십에는 명확한 성공 구조가 존재했습니다.

첫째, 객관적인 데이터를 기반으로 한 전략적 통찰력
둘째, 명확한 철학과 방향성을 제시하고 이를 조직 문화에 성공적으로 정착시키는 기획력
셋째, 그 전략과 문화를 일관성 있게 끝까지 밀어붙이는 강력한 실행력

사실, 세이버메트릭스를 야구계에 먼저 도입한 인물은 엡스타인이 아니라 오클랜드 애슬레틱스의 빌리 빈 단장이었습니다. 하지만 빌리 빈은 월드 시리즈 우승이라는 궁극적인 목표를 달성하지 못했습니다. 이는 뛰어난 전략이 성공을 보장하지 않는다는 뜻입

니다. **엡스타인의 차별점은 전략 수립에 그치지 않고, 조직 전체가 문화와 시스템을 공유하며 일상에서 실천하도록 만든 점입니다.**

삼성그룹의 고(故) 이건희 회장은 "마누라와 자식 빼고는 다 바꿔야 한다."라는 혁신적인 메시지를 던진 바 있습니다. 테오 엡스타인은 어쩌면 이 외침을 현실에서 구현한 인물이라 할 수 있습니다. 리더에게 진정으로 필요한 것은 변화에 대한 피할 수 없는 절박함, 그리고 그 변화를 구체적으로 설계하고 강력하게 실행할 수 있는 추진력입니다. 물론 누구나 새로운 전략이나 아이디어를 제시할 수는 있습니다. 그러나 제시된 전략을 실제적인 결과로 만들고, 그 과정에서 수많은 어려움과 저항에 굴하지 않고 끝까지 밀어붙이는 것은 완전히 다른 차원의 역량입니다.

진정한 리더십은 번뜩이는 아이디어나 화려한 언변이 아니라, 지속 가능한 성공을 만드는 체계적인 '구조'를 세우는 능력입니다. 테오 엡스타인은 '데이터 → 문화 → 실행'이라는 명확한 작동 원리를 통해 이 구조를 증명했습니다. 그가 남긴 것은 단순한 두 개의 우승 트로피가 아니라, 오랜 실패를 혁신적 성공 문화로 바꾼 강력한 시스템이었습니다. 단기적인 성과를 넘어, 조직의 DNA를 변화시키고 지속 가능한 성공의 토대를 구축하는 것, 이것이야말로 진정한 혁신 리더십의 핵심입니다. 테오 엡스타인은 오랜 기간 동안 '저주'라는 이름으로 가려져 있던 팀의 역량과 잠재력을 현실로 만든 원동력을 구축한 인물이었습니다.

2장
신뢰

무엇이 팀을 단단하게 만드는가?

"재능은 경기를 이기게 하지만,
팀 워크와 신뢰는 챔피언을 만든다."

– 마이클 조던(Michael Jordan), 미국 농구 선수

TIME OUT!
Checklist

2장은 리더십의 핵심 자산인 '신뢰'를 다룹니다. 신뢰는 하루아침에 생기지 않고, 리더의 선택과 태도 속에서 차곡차곡 쌓이는 기반입니다. 흔들림 없는 신뢰가 있을 때 팀은 위기 앞에서도 무너지지 않고 오히려 더 강하게 결속됩니다.

Key Points

1. 성과의 공을 독차지하지 않고 구성원을 앞세워라.
2. 통 큰 결단이 구성원의 마음을 움직인다.
3. 함께하는 리더십이 진정한 신뢰를 만든다.
4. 위기 상황에는 구성원들과 함께하려는 마음의 벤치클리어링이 필요하다.
5. 품을 줄 아는 리더가 신뢰를 쌓는다.
6. 간접적인 칭찬이 강력한 동기를 부여한다.
7. 신뢰는 스스로 움직이는 팀을 만든다.

Focus Question

나의 리더십은 구성원들이 안심하고 의지할 수 있는 리더십인가?

1.

자신을 앞세우지 말라

승부의 주인공은 누구인가

'야구는 선수가 한다' vs '야구는 감독이 하는 것이다'

야구 경기에서 승패를 좌우하는 주체는 누구일까요? 감독일까요, 선수일까요? 이 주제는 흥미로운 토론을 낳지만, 쉽게 결론 내리기 어려운 문제입니다.

야구는 철저한 계산과 준비를 바탕으로 감독의 역량에 따라 움직이는 게임이라고 보는 시각도 있습니다. 반면, 다른 한쪽에서는 결국 경기장에서 공 하나, 플레이 하나로 결과를 만드는 것은 선수라는 입장을 주장합니다. 이 논쟁은 정답을 내기 어려운 주제이며, 리더십을 바라보는 방식에 따라 해석이 달라질 수밖에 없는 사안입니다.

'야구는 선수가 한다'라는 입장은 자료 분석을 근거로 선수의 영향력을 강조합니다. 실제로 한 시즌 144경기 중에서 감독의 직접적인 영향력(선수 선발과 기용, 전략 및 전술 수립)으로 승부에 영향을 미치는 경기는 약 7~10%에 불과하다는 분석도 있습니다. 이는 결국 야구는 선수들의 역량에 의해 결정되는 게임이라는 주장을 뒷받침합니다.

반면, '야구는 감독이 한다'라는 입장에서는 시즌 시작 전부터 팀의 시스템, 문화, 전략이 설계되고, 반복 훈련으로 승리의 기반이 다져지기 때문에, 개별 경기만을 보고 판단해서는 안 된다는 주장을 펼칩니다.

이처럼 이 논의는 마치 '닭이 먼저냐, 달걀이 먼저냐'라는 질문처럼, 관점에 따라 결론이 달라질 수밖에 없는 복잡한 문제입니다. 경기에서 승패를 결정짓는 것은 분명 선수의 플레이지만, 그 플레이가 가능해지기까지의 준비와 설계는 감독의 역량이 좌우합니다. 결국 어느 한쪽이 더 중요하다고 단정할 수는 없습니다.

저는 감독은 '과정'을 설계하고, 선수는 '결과'를 만들어낸다고 생각합니다. 감독이 그라운드 위에 승리의 시나리오를 그려 놓았다면, 선수는 그것을 실행해 결과라는 결실을 맺는 주체입니다. 누가 더 중요하다고 말하기보다는, 각자가 과정과 결과라는 고유한 역할과 책임을 가지고 있다는 점을 인정하는 것이 보다 정확한 접근이라고 생각합니다. 그래서 야구에서 승리를 누가 만드는가에 대한 질문은 쉽게 결론 내릴 수 없습니다.

리더십의 시장 가치 확대

최근 프로 야구에서는 역량 있는 감독들의 몸값이 선수 못지않게 오르고 있으며, '선수보다 감독에게 투자를 해야 하는가?'라는 입장과 '선수들의 역량은 감독이 만든다'라는 관점이 맞서고 있습니다. 경기의 승패를 감독이 결정짓는가, 또는 선수가 결정짓는가에 대한 논쟁은 이러한 시장 환경 변화와 맞물리며 더욱 다양한 이슈와 토론을 불러일으키고 있습니다.

분명한 사실은 과거와는 달리 이제는 선수뿐 아니라 감독의 몸값과 위상도 크게 올랐다는 점입니다. 이에 따라 감독들은 저마다의 리더십 스타일과 차별성을 강조하며, 시장에서 자신의 가치를 높이기 위해 다양한 노력을 기울이고 있습니다. 물론 가장 직접적으로 자신의 가치를 어필하는 방법은 경기 결과와 성과로 보여주는 것이지만, 이외에도 방송이나 신문 등의 언론 인터뷰를 통해 자신만의 리더십을 강조하는 모습을 쉽게 찾아볼 수 있습니다.

저는 감독들이 자신의 가치를 올리기 위해 지나치게 성과를 드러내는 현상을 바람직하지 않다고 생각합니다. 일부 감독에 해당하는 이야기이지만, 승리라는 결과를 두고 구단, 코칭스태프, 선수들의 노력보다 자신의 리더십을 앞세우거나, 자신을 제외한 구성원들의 노력을 폄하하는 사례를 볼 때면 리더의 진정한 덕목인 겸손과 동반 성장의 가치를 망각하는 것은 아닌지 아쉬움이 남습니다.

현대 사회가 개인 브랜드와 평판을 중시하는 시대지만, 팀이 하나로 뭉쳐 이뤄낸 결과를 두고 리더인 감독이 자신의 공을 강조하며 시장에서의 가치를 올리고자 하는 모습은 결코 아름답게 보이지 않습니다. 리더가 조직의 성과를 자신에게만 돌리는 태도는 구성원들에게 부정적 결과를 초래할 수 있습니다.

진정한 리더십의 모습

리더가 성과를 독식하는 순간, 조직 내 신뢰는 서서히 흔들리기 시작합니다. 구성원은 자신의 기여가 인정받지 못하는 상황에서 점차 동기를 잃고, 다음 프로젝트에 주도적으로 나서기를 주저하게 됩니다. 팀워크는 무너지고, 리더는 성과는 있지만 사람이 따르지 않는 존재가 됩니다. 결국 '성과의 주인'을 자처하는 리더는 단기적으로 존재감을 얻을 수 있지만, 장기적으로는 구성원의 마음을 잃고 팀 전체의 지속 가능한 성장을 저해하는 원인이 됩니다.

반대로 리더가 구성원의 공을 인정하고 성과를 함께 나누는 순간, 조직은 신뢰를 기반으로 움직입니다. 팀원들은 자신이 인정받는다는 확신 속에서 더욱 책임감을 가지고 몰입하며, 리더에 대한 존중은 자연스럽게 리더십의 영향력으로 전환됩니다. 리더가 겸손히 한 걸음 물러설 때, 구성원은 스스로 앞으로 나아갈 힘을 얻습니다.

결국 리더는 과정의 설계자이자 촉진자이며, 결과의 주인공은 구성원이어야 합니다. 리더는 자신을 드러내기보다 구성원을 드러내는 사람이어야 합니다. 노자의 도덕경에 나오는 '공성불거(功成不居, 일을 완수했으나 그 공에 머무르지 않는다)'라는 말처럼, 리더는 어떤 일을 성공적으로 완수하여 공을 세웠더라도, 그 공로에 집착하거나 자만해 안주하지 말고, 오히려 한 발 물러서 다음 단계를 준비해야 합니다. 그리고 공을 함께한 이들에게 돌릴 줄 아는 태도야말로 진정한 리더십의 모습이며, 그것이 조직의 신뢰와 지속 가능성을 만드는 첫걸음이라고 생각합니다.

2.

통 큰 결단으로
구성원의 마음을 움직여라

개인의 삶을 존중한 결단 ─────

리투아니아 농구의 명문팀 잘기리스 카우나스는 2017년 리그 준결승 시리즈 첫 경기에서 70 대 73으로 아쉽게 패배했습니다. 치열한 접전 끝에 승리를 놓친 후, 선수들과 사루나스 야시케비시우스 감독은 언론 인터뷰에서 패배의 아쉬움을 곱씹으며 기자들의 질문에 답하고 있었습니다. 그러던 중 한 기자가 질문을 던졌습니다.

"팀의 주축 선수인 아우구스토 리마 선수가 아내의 출산을 이유로 경기에 빠졌는데, 이에 대해 어떻게 생각하시나요?"
기자의 질문에는 개인적인 사정이 팀에 부정적인 영향을 미쳤다는 뉘앙스가 담겨 있었습니다. 질문을 받은 사루나스 감독은 잠시 기자를 바라본 후 단호하게 대답했습니다.

"어떻게 생각하냐고요? 내가 가라고 했습니다!"

사루나스 감독의 확신에 찬 대답에 기자는 다시 물었습니다.
"그래도 중요한 시리즈 도중 개인적 사정으로 자리를 비우는 게 정상적일까요?"
이에 사루나스 감독은 되물었습니다.

"기자분은 자녀가 있나요?"
기자는 없다고 답했습니다. 그러자 사루나스 감독은 부드럽지만 강한 어조로 말했습니다.
"당신도 나중에 자녀를 가지면 이해할 겁니다. 아이가 태어나는 순간은 인간이 경험할 수 있는 최고의 순간입니다. 농구가 인생에서 가장 중요한 일이라고 생각하시나요? 농구보다 중요한 게 있습니다. 첫 아이를 보게 되면 무엇이 진정 중요한지 알게 될 겁니다."

사루나스 감독은 덧붙였습니다.
"아우구스토 리마는 지금 천국을 경험하고 있을 겁니다. 농구보다 소중한 순간을 맞이한 그에게 축하를 보냅니다."

이 짧은 대화는 단순한 감독과 기자의 문답을 넘어, 일과 삶의 균형에 대한 깊은 통찰을 담고 있습니다. 우리는 생업이 가장 중요하다는 이유로 개인의 삶을 희생하는 경우가 많습니다. 생계를 유지하고 동료들에게 피해를 주지 않는 것은 물론 중요합니다. 그러나 이런 명분 때문에 개인의 삶이 늘 뒷전으로 밀리는 것은 아쉽습니다.

잘기리스가 준결승이라는 중요한 경기를 앞두고도 아우구스토 리마가 가족과 함께할 수 있도록 배려한 것은 사루나스 감독의 결단이었습니다. 그러나 이는 단순히 감독 개인의 결정이 아니라, 팀 전체가 공유하는 가치관에서 비롯됐습니다. 아우구스토 리마를 향한 동료들의 이해와 배려가 없었다면, 이러한 결정은 쉽지 않았을 것입니다.

결과적으로, 잘기리스는 준결승 1차전에서 패배했지만 팀은 그보다 더 큰 가치를 지켜냈습니다. 그리고 이 스토리는 더욱 아름답게 마무리되었습니다. 아내의 출산 후 팀에 복귀한 아우구스토 리마는 자신에게 배려를 베풀어 준 팀원들에게 보답하듯 최고의 경기력을 선보였습니다. 이후 준결승과 결승전에서 맹활약하며 팀을 승리로 이끌었고, 결국 우승의 영광을 안았습니다. 아우구스토 리마는 우승과 자녀의 출산이라는 겹경사를 누렸습니다. 그는 브라질 국적의 선수로 여러 나라와 팀을 경험했지만, 잘기리스에서의 이 순간은 그에게 가장 소중한 추억으로 남았을 것입니다.

이 이야기는 리더십의 본질을 보여줍니다. 리더가 구성원의 삶을 존중하고 배려할 때, 구성원은 리더에게 깊은 신뢰와 충성심을 가집니다. 사루나스 감독이 보여준 결정은 개인에게 희생을 강요하는 것이 아니라, 구성원의 삶을 중요하게 생각하는 자신의 리더십 철학을 반영한 것이었습니다. 리더가 배려하는 철학을 행동으로 보여줄 때, 구성원은 리더에게 자연스럽게 신뢰와 충성심을 쌓습니다.

결국, 일을 하는 이유가 성과만을 좇기 위함은 아닙니다. 우리는 일을 통해 삶의 가치를 배우고, 무엇이 진정 중요한지를 깨닫습니다. 사루나스 감독의 결정은 농구를 넘어 인생을 바라보는 시각을 넓혀주는 메시지를 담고 있습니다. 잘기리스의 승리는 단순한 승패를 넘어, 스포츠 정신과 인간미가 만들어낸 아름다운 동화와 같았습니다.

신뢰를 얻는 힘

저도 과거에 이와 비슷한 경험을 했습니다. 저는 맞벌이 부모님 밑에서 자라며, 주로 외할머니의 보살핌을 받으며 성장했습니다. 그래서 저에게 외할머니는 그 누구보다도 각별한 존재였습니다. 2011년 겨울에 외할머니께서 돌아가셨지만, 당시 제가 몸담았던 조직에는 부모상이나 친조부모상과 달리 외조부모상에 대한 지원이나 공식적인 조문 문화가 없었습니다. 그래서 저는 조용히 장례를 치르려 했고, 몇몇 동료에게만 장례 사실을 알렸습니다.

그런데 예상치 못했던 회사 차원의 경조 물품이 저희 팀장님의 지시로 배송되었습니다. 그리고 저녁 시간에는 팀장님을 비롯한 많은 동료들이 장례식장을 찾아 주셨습니다. 제가 외할머니 손에서 자라 외할머니에 대한 애착이 크다는 것을 알고 계셨던 팀장님은 저에게 누구보다 진심 어린 위로를 해 주셨습니다. 그때 느꼈던 감동과 감사는 지금도 가슴에 남아 있습니다.

이 경험을 통해 직장은 단순히 일하는 곳이 아니라, 마음을 나누고 정을 쌓을 수 있는 따뜻한 공간이 될 수 있음을 깨달았습니다. 그리고 리더가 구성원의 삶을 세심하게 배려할 때, 구성원은 그

리더에게 깊은 신뢰와 충성심을 갖게 된다는 것을 직접 경험했습니다.

리더십은 단순히 목표를 세우고 달성하는 데 그치지 않습니다. 리더는 구성원의 마음을 얻을 때 비로소 진정한 리더십을 발휘할 수 있습니다. **구성원의 삶을 존중하고 배려하는 리더는 자연스럽게 조직 내에서 신뢰를 얻으며, 그 신뢰는 결국 더 강한 팀워크와 성과로 이어집니다.** 사루나스 감독의 결정처럼, 구성원의 삶을 깊이 이해하고 공감하는 리더십이야말로 진정한 신뢰의 리더십입니다. **조직이 성과를 만드는 것은 구성원의 마음을 얻는 것에서 시작된다는 점을 잊지 말아야 합니다.**

3.

함께하는 리더십으로
신뢰를 쌓아라

경기 규정보다 중요했던 절실함

"선수를 보호할 수 있는 방법은 무엇이든 해야 했다!"

2024년 파리 올림픽 남자 태권도 80kg급 16강전, 대한민국의 서건우 선수는 칠레의 호아킨 추르칠과 숨막히는 경기를 펼쳤습니다. 그러나 2라운드 종료 직후, 시스템 오류로 잘못 채점된 점수가 발표되며 패배 위기에 몰렸습니다. 그 순간 대한민국 태권도 대표팀의 오혜리 코치는 한 치의 망설임도 없이 코트로 뛰쳐나갔습니다. 경기 규정상 기술 담당 대표에게 어필해야 했지만, 오 코치는 규정보다 중요한 것이 있음을 직감했습니다. 바로 선수의 노력이 정당한 결과로 이어지도록 지켜주는 일이었습니다. 그의 행동은 본부석의 재검토로 이어졌고, 판정은 정정됐습니다. 시건우 선수는 마지막 3라운드에서 승리하며 8강에 진출할 수 있었습니다.

경기 후 오혜리 코치는 "건우가 누구보다 열심히 했다. 좋아하는 콜라도 끊고, 탄산수를 먹으면서 운동했는데…"라고 말했습니다. 그 목소리에는 단순히 기술을 가르치는 코치의 마음이 아닌, 선수의 희생과 노력을 함께 견뎌낸 동반자의 마음이 담겨 있었습니다. 이어 "심판에게 직접 항의하지 말고 기술 담당 대표에게 어필해야 했지만, 뒷일을 생각할 때가 아니었다. 그대로 끝나면 뭘 해도 뒤집을 수 없었다."라고 당시 심정을 전했습니다.

이 장면은 단순한 스포츠 경기의 승부를 넘어, 깊은 울림과 교훈을 줍니다. 오혜리 코치의 행동은 우리에게 묻습니다. 오늘날 조직에서 리더는 무엇으로 구성원의 신뢰를 얻는가?

많은 조직에서 리더는 업무를 할당하고 성과를 평가하는 역할로 인식됩니다. "성과를 냈느냐, 못 냈느냐"라는 질문이 당연시되며, 리더의 역할은 과업 관리자로 한정되곤 합니다. 하지만 이런 방식에는 치명적인 빈틈이 있습니다. 리더가 결과만 바라보고 구성원의 성공이나 실패를 개인 역량의 문제로만 여기는 순간, 리더와 구성원 사이에는 보이지 않는 벽이 생깁니다. 구성원은 실패를 두려워하게 되고, 성공했을 때조차 성취감보다는 안도감을 느낍니다. 이런 조직에서는 구성원의 잠재력이 온전히 발휘되기 어렵습니다.

반면 오혜리 코치는 전혀 다른 리더십의 모델을 보여줍니다. 그는 선수의 성취와 좌절을 자신의 것처럼 받아들였고, 선수의 꿈을 끝까지 지키려 했습니다. 이런 리더십은 구성원에게 강한 신뢰의 토대를 마련합니다. 구성원은 리더가 자신과 한 배를 탔다고 느낄 때, 그 리더의 말과 기대를 진심으로 받아들이고자 노력합니다. 평가자의 위치에 선 리더에게는 보이지 않던 헌신과 주인 의식이, 동반자의 위치에 선 리더에게선 자연스럽게 보입니다. 그렇게 될 때, 구성원은 "이 리더를 위해, 이 팀을 위해 더 잘하고 싶다"라는 단순한 의무감을 넘어, 리더와 동행하고자 하는 마음에서 비롯된 훨씬 강력한 동기 부여를 경험하게 됩니다.

평가자가 아닌 동행자

특히 빠르게 변화하고 불확실성이 큰 현대 시대에는 리더와 구성원 간 신뢰 관계의 중요성이 더욱 커집니다. 과거에는 '성과 중심의 관리'가 조직 성과의 열쇠로 여겨졌다면, 이제는 '심리적 안전감'과 '신뢰'가 성과의 기반으로 떠오르고 있습니다. 구성원이 리더를 신뢰할 때, 그들은 더 과감히 도전하고, 더 주도적으로 일하며, 실수에서 배우려 합니다. 그러나 신뢰가 없는 조직에서는 구성원이 실수를 숨기고 최소한의 책임만 지려 하며, 혁신보다는 관성에 의존합니다.

신뢰는 위기 상황에서 가장 빛을 발합니다. 위기 속에서 리더가 함께 움직이고 싸운다는 메시지를 보낼 때, 구성원은 "나 혼자가 아니다"라는 안정감을 느낍니다. 그 안정감은 용기와 집중력으로 이어지고, 조직은 결국 더 강한 회복탄력성을 가지게 됩니다. 위기 속 동행의 리더십이야말로 구성원이 끝까지 버틸 수 있게 해주는 힘입니다.

리더의 태도는 팀 문화의 본보기가 됩니다. 오혜리 코치의 행동은 다른 선수와 코치진에게도 강력한 메시지를 던졌습니다. "우리 팀은 서로를 지킨다, 우리는 한 배를 탔다"라는 메시지는 위기에서 팀을 하나로 묶고, 장기적으로는 조직의 경쟁력이 됩니다. 특히 젊은 세대일수록 수직적 위계보다 수평적 소통과 공감, 동행하는 리더십을 더 중요하게 생각합니다. 그래서 오늘날 리더는 성과 관리뿐 아니라 '동행의 메시지'를 의식적으로 전해야 합니다.

물론 리더가 모든 것을 해결할 수는 없습니다. 때로는 규정과 환경에 막히고, 때로는 그 목소리가 받아들여지지 않을 때도 있습니다. 그러나 중요한 것은 리더가 '내가 최선을 다했는가'를 자문하는 자세입니다. 오혜리 코치가 보여준 것은 완벽한 계획이나 계산된 행동이 아니었습니다. 그것은 순간의 용기였고, 함께하는 사람을 위해 자신의 역할을 확장하는 결심이었습니다. 그리고 그 결심이야말로 구성원의 마음을 움직이고, 조직을 성장하게 만드는 힘입니다.

지금 이 순간, 여러분은 팀이나 동료들에게 어떤 리더로 보입니까? 평가자입니까, 아니면 동행자입니까?

리더는 평가자의 자리에만 머물러서는 안 됩니다. 리더는 결과를 판정하는 심판이 아니라, 그 결과를 함께 만들어가는 동행자여야 합니다. 구성원은 리더가 자신과 한 배를 타고 있다는 확신이 있을 때, 리더의 말과 기대를 진심으로 받아들이고자 합니다. 동행자는 구성원의 성장을 함께 고민하고, 실패라는 책임을 나누며, 성공이라는 공을 구성원에게 돌립니다. 그렇게 형성된 신뢰는 단순히 단기 성과를 넘어, 팀의 지속 가능한 성장과 혁신의 토대가 됩니다. 리더십의 본질은 완벽함에 있지 않습니다. 작은 행동과 태도, 위기 속

한순간의 선택이 구성원의 마음을 움직입니다. 그리고 그 순간들이 쌓여 '이 리더와 함께라면 더 잘하고 싶다'라는 마음을 이끌어낼 때 비로소 강한 조직과 진정한 리더십이 탄생합니다.

4.

마음의 벤치클리어링을
준비하라

추신수의 마음을 움직였던 벤치클리어링 ―――――

야구를 보다 보면, 양 팀 선수들이 갑자기 그라운드로 뛰쳐나오는 장면을 종종 보게 됩니다. '벤치클리어링(Bench clearing)'은 더그아웃의 선수들이 모두 뛰쳐나와 위기에 처한 동료를 보호하는 순간을 뜻합니다. 언뜻 보면 몸싸움 같지만, 그 안에는 동료를 지키려는 강한 연대감과 팀을 위한 헌신이 담겨 있습니다.

2012년 4월 15일, 메이저리그 클리블랜드 인디언스(현 클리블랜드 가디언스) 소속이던 외야수 추신수 선수는 캔자스시티와의 경기 중 사구를 맞았습니다. 투수는 조너선 산체스로, 1년 전 추신수에게 엄지손가락 골절이라는 큰 부상을 입혔던 장본인이었습니다. 추신수는 경기 전부터 산체스가 등판할 것을 알고 있었고, 마음속에 긴장과 감정이 쌓여 있었습니다.

3회 초, 시속 145km/h의 빠른 공이 그의 오른쪽 무릎 윗부분을 강타했을 때, 그는 참지 못하고 외쳤습니다. "공을 똑바로 던지라"라고 소리친 그 순간, 이성을 잃을 정도로 감정이 북받쳤고, 양팀 선수들이 일제히 그라운드로 쏟아져 나왔습니다. 벤치클리어링이 벌어진 것입니다.

그 상황은 얼핏 단순한 사구처럼 보였습니다. 실제로 추신수도 "다른 투수였다면 그냥 1루로 걸어갔을 것"이라고 했습니다. 그러나 문제는 공을 던진 투수가 조너선 산체스였다는 점입니다. 이전의 부상 기억이 아직도 그를 짓누르고 있었고, 이번엔 더는 감정을 억누를 수 없었던 것입니다. 추신수는 그 순간 단순한 항의가 아니라, "그 아픔이 아직 내 안에 있음을 표현하고 싶었다."라고 말했습니다. 그것은 감정의 폭발이자 과거의 아픔을 떨쳐내고자 하는 의지였습니다. 처음엔 캔자스시티 선수들도 그의 반응을 이해하지 못했습니다. 지나친 반응이라 여겼던 그들도, 이닝이 끝난 후 사연을 듣고 나서야 상황을 받아들였습니다. 몇몇 선수들이 추신수에게 다가와 사과했고, 그는 이를 담담히 받아들이며 상황을 마무리했습니다.

그러나 이 경기에서 그에게 가장 깊은 인상을 남긴 장면은 따로 있었습니다. 바로 팀 동료들의 반응이었습니다. 팀원들은 망설임 없이 추신수를 향해 달려왔고, 말 그대로 몸을 아끼지 않고 싸움을 말리며 그를 보호했습니다. **추신수는 "자기 일이 아님에도 내 편이 되어준 그 순간, 말로 표현할 수 없는 감동을 느꼈다."라고 말합니다.** 동양인이라는 이유로 그라운드에서 고립감을 느낀 적도 있었던 그에게 팀원들의 행동은 벅찬 울림이었습니다.

그 감정은 경기 흐름에도 영향을 미쳤습니다. 연장 10회 초, 2사 2, 3루의 상황에서 추신수는 결승 2타점 2루타를 터뜨렸고, 팀은 11 대 9로 극적인 승리를 거뒀습니다. 그는 "그날은 동료들에게 받은 감동을 야구로 보답하고 싶었다."라고 했습니다. 위기의 순간, 나를 위해 함께 싸워주는 사람이 있다는 믿음. 그리고 그 믿음이 다시 일어설 힘이 된다는 사실을 이 경기는 보여주었습니다.

위기 속에서 드러나는 팀워크

조직에서도 마찬가지입니다. 구성원이 외부 갈등이나 프로젝트 실패 속에서 혼자 싸워야 한다면, 마음속에 깊은 외로움과 부담이 쌓입니다. 이럴 때 필요한 것은 리더의 '마음의 벤치클리어링'입니다다. 물리적으로 항상 곁에 있을 수는 없더라도, "나는 네 편이야"라는 마음을 보여주는 리더의 태도는 구성원에게 큰 힘이 됩니다.

리더는 흔히 구성원에게 결과로 말하라고 요구합니다. 하지만 진정한 리더는 구성원이 결과에 도달하는 과정에서 함께해주는 사람입니다. 회식 자리에서 "우리는 하나다"라고 외치는 것보다 위기의 순간 실제로 곁에 있어 주는 것이 깊은 신뢰를 낳습니다.

예를 들어, 마감 직전까지 프로젝트를 마무리하지 못해 힘들어하는 팀원이 있다고 가정해봅니다. 이때 리더가 "빨리 끝내라"라고 지시만 한다면, 구성원은 외로움 속에서 압박감을 느낄 수밖에 없습니다. 하지만 리더가 "어디서 막혔는지 이야기해보자. 같이 해결해보자"라고 말하고 실제로 문제 해결에 함께한다면, 구성원은 진심을 느끼고 리더를 신뢰하게 됩니다. 그리고 그 신뢰는 곧 팀 전체의 결속력으로 이어집니다.

리더가 모든 문제를 대신 해결할 수는 없습니다. 그러나 "너를 혼자 두지 않겠다", "나는 끝까지 네 곁에 있다"라는 태도만으로도 구성원은 리더에게 마음을 엽니다. 그리고 언젠가 리더가 어려움에 처했을 때, 그들은 같은 방식으로 리더에게 호의를 베풀 것입니다.

진정한 팀워크는 모든 게 잘 풀릴 때가 아니라, 누군가 흔들릴 때 드러납니다. 당신은 지금, 구성원의 위기 앞에서 어떤 선택을 하고 있습니까? 멀찍이서 지켜만 보고 있습니까, 아니면 조용히 마음의 벤치클리어링을 준비하고 있습니까?

신뢰는 결국 말이 아니라 행동에서 시작됩니다. **구성원과 함께하겠다는 리더의 생각과 태도는 팀 전체에 강한 연대감을 불어넣고, 위기를 넘는 강력한 원동력이 될 것입니다.**

5.

품을 줄 아는
리더가 돼라

손흥민의 성숙한 선택 ———

2024년 아시안 컵 4강전을 앞두고 대한민국 축구 대표팀 내에서는 예상치 못한 갈등이 발생했습니다. 팀 분위기를 다지기 위한 저녁 식사 자리에서 이강인 선수가 자리를 이탈해 탁구를 치러 가면서 주장 손흥민 선수와 언쟁이 벌어졌습니다. 이어 두 선수 간 물리적 충돌이 일어났고, 이 과정에서 손흥민 선수는 손가락 탈구 부상을 입었습니다.

사건은 단순한 말다툼을 넘어 팀 내부 균열로 번졌습니다. 고참 선수들이 클린스만 감독에게 이강인 선수의 선발 제외를 요청했으며, 대표팀은 유효 슈팅 0개라는 기록과 함께 4강에서 탈락했습니다. 경기를 넘어 팀워크와 리더십에 대한 문제가 대중의 관심

사로 떠오르게 된 계기였습니다.

이번 갈등은 축구 팬들뿐 아니라 일반 국민들에게도 큰 파장을 일으켰습니다. 손흥민과 이강인 중 누구에게 책임이 있는지를 두고 여론이 분열되었으며, 대한 축구 협회는 사건이 있었다는 사실만을 인정하고 구체적인 내용은 공개하지 않았습니다. 특히 이강인 선수는 나이와 서열 문화를 중시하는 분위기 속에서 더 큰 비난에 직면했습니다.

하지만 시간이 지나면서 두 선수는 서로를 향해 손을 내밀었습니다. 이강인 선수는 아시안 컵 종료 후 손흥민 선수를 직접 찾아가 사과했고, 손흥민 선수는 이를 받아들이며 국민들에게도 후배를 너그러이 감싸달라는 메시지를 전했습니다. 손흥민 선수는 SNS를 통해 "대표팀 주장으로서 용서를 구한다."라고 밝혔고, 갈등은 성숙하게 봉합되었습니다.

이 사건은 리더십에 있어 중요한 교훈을 줍니다. 갈등은 발생하지 않는 것이 이상적이지만, 발생했을 경우 어떻게 해결하느냐가 더 중요합니다. 사람은 누구나 실수를 할 수 있으며, 중요한 것은 그 실수를 반복하지 않기 위한 성찰과 변화의 태도입니다. 손흥민 선수는 갈등 상황 속에서도 팀을 먼저 생각했습니다. 충돌이 있던 당일에도 "팀과 대회만 생각하자"라는 말을 먼저 건넸고, 이후에도 후배를 감싸는 포용의 리더십을 보여줬습니다. 이는 단순한 감정을 넘어 팀 전체 분위기와 책임을 생각한 행동이었습니다.

갈등을 넘어 함께 앞으로 ────

우리의 일터에서도 이와 같은 갈등은 자주 발생합니다. 특히 직급과 연차 중심의 위계 문화가 강한 조직일수록, 구성원이 의견을 제시하거나 반대 의사를 표현하는 것 자체가 갈등으로 이어지는 경우가 많습니다. 그러니 갈등을 무조건 회피하기보다는, 건강하게 직면하고 조율하려는 문화가 필요합니다.

진짜 문제는 갈등 그 자체가 아니라, 갈등 이후 리더가 보이는 태도입니다. 특정 구성원을 '불편한 사람'으로 낙인찍거나 부정적으로 대하기 시작하면, 조직 내에는 위축과 침묵의 문화가 자리 잡습니다. 구성원은 자신의 의견을 표현하지 못하고 조직은 활력을 잃게 됩니다. 이는 결국 성과 저하와 리더십의 약화로 이어집니다.

리더는 갈등이 발생했을 때 먼저 열린 자세로 대화의 장을 마련해야 합

니다. 갈등을 피하거나 회피하는 것이 아니라, 해결을 위한 진심 어린 노력을 할 때, 팀의 신뢰가 쌓이는 계기가 됩니다. 과거의 갈등을 계속 문제삼기보다 성장의 기회로 삼아 긍정적으로 팀을 이끄는 것이 리더의 역할입니다.

이러한 상황에서 리더는 감정에 머무르지 않고 조직 전체를 바라보는 시야를 가져야 합니다. 때로는 개인적으로는 상처받을 수 있지만, 조직의 미래를 위해 합리적인 선택을 하는 것이 진정한 리더십입니다. 손흥민 선수의 모습은 과거에 머무르지 않고 미래를 위해 손을 내미는 용기의 본보기라 할 수 있습니다.

리더는 다음과 같은 구체적인 행동을 실천할 필요가 있습니다.

첫째, 감정적 대응을 자제하고 상황을 객관적으로 파악해야 합니다.
둘째, 갈등 당사자에게 먼저 대화의 문을 열고 소통을 시도해야 합니다.
셋째, 구성원이 납득할 수 있도록 명확한 메시지를 전달해야 합니다.

중요한 것은 '누가 옳은가'가 아니라, '어떻게 회복할 것인가'에 대한 태도입니다.

리더십은 누군가를 지시하거나 통제하는 것이 아니라, 함께 더 나은 방향으로 나아가기 위해 구성원을 믿고 기다려주는 태도입니다. 갈등이 발생했을 때 먼저 손을 내밀 수 있는 리더야말로 구성원의 신뢰를 얻고 조직 분위기를 회복시킬 수 있습니다. 구성원이 심리적 안정감을 느낄 때, 조직은 자율성과 창의성을 발휘합니다.

이번 사건은 단순한 개인 간의 불화로 끝날 수도 있었지만, 손흥민 선수의 선택과 이강인 선수의 진심 어린 사과가 있었기에 더 큰 위기로 번지지 않았습니다. 만약 이 갈등이 장기화되었다면, 대표팀 전체의 신뢰와 성장에도 부정적인 영향을 미쳤을 것입니다. 그런 점에서 손흥민 선수의 태도는 한 후배를 용서한 것을 넘어, 한국 축구 전체를 위한 책임 있는 결정이었습니다. **진정한 팀워크는 완벽한 관계에서가 아니라, 갈등을 마주하고 극복하는 과정에서 더욱 단단해집니다.**

이 사례는 우리에게 조직에 필요한 리더란 어떤 존재인지를 다시 생각하게 합니다. 구성원의 진심을 받아들이고, 함께 미래를 도모할 수 있는 리더가 있는 조직은 갈등과 위기를 기회로 바꾸는 힘을 갖추게 될 것입니다.

6.

간접 칭찬으로
동기부여하라

간접 칭찬의 힘 ─────

우리는 살아가며 수많은 방식으로 동기 부여를 받습니다. 학교에서는 성적이나 선생님의 격려를 통해, 직장에서는 상사의 평가나 인정, 또는 동료의 지지 등을 통해 마음을 다잡고 방향을 설정합니다. 그중에서도 비교적 단순하지만 강력한 동기 부여 방식이 있습니다. 바로 '칭찬과 인정'입니다. 사람은 자신이 한 일을 진심으로 인정받을 때, '잘하고 있구나', '더 잘해보고 싶다'라는 긍정적인 마음을 품습니다. 인정을 받으면 앞으로 나아갈 힘이 생깁니다. 누군가가 내 노력과 성과를 진심으로 인정해줄 때, 우리는 더 큰 동기와 자신감을 얻고, 그 힘으로 더 나은 미래를 향해 나아갈 수 있습니다. 리더는 구성원의 노력과 성과를 빠르게 포착해 진심으로 인정해야 하며, 이는 리더십의 본질적인 역할 중 하나입니다.

『칭찬은 고래도 춤추게 한다』라는 책에서는 효과적인 칭찬의 원칙을 이렇게 정리합니다. "잘한 점을 의도적으로 찾아라, 그 자리에서 바로 칭찬하라, 무엇이 좋았는지 구체적으로 말하라, 형식이 아닌 진심을 담아라." 이처럼 리더가 구성원의 긍정적인 면을 알아보고 즉각적으로 진심을 담아 전달할 때, 구성원은 자신이 조직 내에서 의미 있는 존재임을 체감하고, 자발적으로 더 나은 모습을 보이고자 합니다. 칭찬은 단순한 말 이상의 힘을 지니고 있으며, 구성원의 행동을 지속적으로 변화시키는 촉매제가 될 수 있습니다.

그런데 이 원칙에 저는 한 가지를 더 추가하고 싶습니다. 그것은 바로 '칭찬을 간접적으로, 제3자의 입을 통해 전달하라'는 것입니다. 저 역시 직장생활을 하며 많은 피드백을 들어왔지만, 가장 인상 깊었던 경험은 정작 상사에게 직접 들은 말이 아닌, 다른 사람을 통해 들은 칭찬이었습니다. 평소에 칭찬이 적던 팀장님이 저를 긍정적으로 평가한다는 이야기를 다른 팀 선배에게서 들었을 때, 그 놀라움과 감동은 지금도 잊히지 않습니다. 냉정하고 이성적인 팀장님께 자주 지적을 받던 저는, 그 말 한마디를 통해 '내가 잘하고 있는 부분도 있었구나', '팀장님도 속으로는 나를 인정해주고 있었구나'라는 생각에 안도감과 감사함을 느꼈습니다. 그 일을 계기로 자신감을 회복했고, 새로운 도전에도 적극적인 태도를 가질 수 있었습니다.

이렇듯 리더가 직접 건네는 칭찬은 즉각적인 긍정 감정을 일으키는 반면, 제3자를 통해 들은 칭찬은 단순한 기쁨을 넘어 자존감을 세워주고, 동기를 오래 유지할 수 있는 내면의 힘을 만들어 줍니다. 심리학자 앨버트 반두라(Albert Bandura)는 1977년에 발표한 사회 학습 이론에서 "간접 피드백은 직접 칭찬보다 학습자에게 더 깊이 내면화되며, 행동 변화가 더 오래 유지된다"라고 말했습니다. 또한 데시와 라이언(Edward Deci & Richard Ryan)의 자기 결정성 이론에 따르면 "직접 칭찬은 외재적 동기로 일시적일 수 있으나, 간접적 인정은 자율성과 유능감을 스스로 확인하게 만들어 내재적 동기로 전환될 가능성이 크다"라고 설명합니다. 즉, 구성원이 '누가 시켜서'가 아니라 '스스로 하고 싶어서' 행동하게 되는 긍정적인 전환이, 간접 칭찬을 통해 촉진될 수 있다는 것입니다.

스포츠 거장의 한마디, 마음을 흔들다 ─────

이러한 간접 칭찬의 힘은 스포츠 현장에서도 찾을 수 있습니다. 2007년 한국 시리즈에서 SK와이번스를 이끌던 김성근 감독은 두

산에게 2연패를 당한 후, 괴로운 마음에 혼자 밤새 술을 마셨다고 합니다. 그리고 허전한 마음에 새벽 시간에 훈련장에 갔었는데, 그곳에서 정근우 선수가 묵묵히 훈련하는 모습을 보고 감동을 받습니다. 그는 구단 관계자에게 "쟤는 문제아지만, 희망이 보인다."라고 짧은 칭찬을 했습니다. 이 말은 선수단 전체에 퍼졌고, 정근우 선수는 승부욕에 불이 붙어 결국 팀의 우승에 큰 기여를 하게 됩니다. 감독이 직접 칭찬하지 않았지만, 정근우는 누군가를 통해 자신이 인정받았다는 사실을 들었고, 그 간접 칭찬이 선수의 동기를 완전히 바꿔놓았습니다.

또 다른 사례로는 김경문 감독과 포수 이재원의 이야기가 있습니다. 이재원 선수는 한화 이글스 입단 전, 소속 팀에서 부진과 방출을 겪으며 선수로서의 자신감을 잃은 상태였습니다. 새 팀에서도 주전 경쟁에서 밀리며 위축되어 있었지만, 김경문 감독은 인터뷰를 통해 "이재원은 이렇게 끝날 선수가 아니다. 아직 충분히 할 수 있다"라며 공개적으로 신뢰를 표현했습니다. 그날 주전 포수의 부상으로 우연히 기회를 얻은 이재원은 3안타를 기록하며 부활의 신호탄을 쏘았고, 경기 후 그는 "감독님의 말을 듣고 마음가짐이 달라졌다. 다시 한번 해보자고 생각했다."라고 말했습니다. 김 감독은 직접 이재원에게 말하지 않았지만, 언론을 통해 간접적인 믿음을 전했습니다. 그 한마디는 선수의 정신을 일으켜 세운 강력한 동력이 됐습니다.

이처럼 간접 칭찬은 예상치 못한 채널을 통해 진심이 더욱 생생하게 전해지기에, 구성원에게 깊은 인상을 남깁니다. 직접적인 칭찬이 즉각적인 기쁨과 동기를 유발한다면, 간접적인 칭찬은 기대하지 않았던 순간에 도달하여 구성원의 마음을 더 오래 붙잡습니다. 그것은 단순한 격려를 넘어 스스로에 대한 신뢰를 회복하게 만들고 내적 동기를 자극합니다. 구성원이 들은 그 한마디는 '누군가가 나를 지켜보고 있었고, 인정하고 있었구나'라는 감정으로 이어져 자존감과 책임감을 동시에 키워줍니다. 그래서 **리더의 칭찬은 때로 직접 말하는 것보다, 우연한 타인의 입을 통해 전해질 때 더 큰 울림을 남기고, 더 강력한 변화를 이끌어냅니다.** 단 한마디의 간접 칭찬이 구성원의 가능성을 끌어올리는 가장 경제적이고 효과적인 리더십의 실천이 될 수 있다는 점을 리더는 결코 가볍게 여겨선 안 됩니다.

7.

스스로 움직이는
팀을 구축하라

신바람 야구의 돌풍 ───────

1994년, LG 트윈스 이광환 감독은 '신바람 야구'라는 이름으로 한국 프로 야구의 판을 뒤흔들었습니다. 통합 우승이라는 성과는 단지 결과가 아니라, 기존 야구 문화에 도전한 리더십 실험이었습니다. 특히 주목할 점은 그가 보여준 가장 강력한 변화의 원동력인, '선수를 믿는 마음'이었습니다. 이광환 감독은 선수에게 전폭적인 자율권을 부여하고, 연차나 위계에 얽매이지 않는 기용 원칙을 세웠습니다. 또한 실패를 학습의 자산으로 받아들였습니다. '감독이 시키고 선수는 따른다'라는 통제 중심의 리더십에서 벗어나, 그는 신뢰를 바탕으로 스스로 움직이고 자가 성장하는 조직을 만들고자 했습니다.

그가 이러한 개념을 떠올리게 된 배경에는 미국 세인트루이스 카디널스와 일본 세이부 라이온스 등에서 경험한 선진 야구 시스템이 자리하고 있었습니다. 그는 현장을 방문해 훈련 방식, 선수 관리, 조직 운영 등을 관찰하며 '**선수 중심 자율 운영**'과 '**책임 분담형 시스템**'을 체득했고, 이를 한국 현실에 맞게 재설계한 것이 바로 신바람 야구였습니다. 그러나 무엇보다 중요한 것은 그 시스템을 가능케 한 신뢰였습니다. 자율은 어떤 설계보다도 먼저, 믿음이 있어야 작동합니다.

이광환 감독의 리더십 중 가장 상징적인 접근은 '자율 훈련 제도'의 도입이었습니다. 그는 훈련 계획과 실행에 대한 주도권을 코치가 아닌 선수에게 넘겨주었습니다. 선수들은 훈련 목표를 스스로 세우고, 필요한 항목을 선택해 훈련 일지를 작성했습니다. 스트레칭, 수비, 타격, 웨이트 등 모든 훈련은 자신의 컨디션과 과제를 바탕으로 설계되었고, 코치는 단지 조언자로서 존재했습니다. 이는 단순한 권한 위임이 아니라 선수 스스로 사고하고 책임지는 구조를 만들어냈으며, 이는 리더의 신뢰가 있었기에 가능했습니다.

이 자율 훈련 제도는 선수들에게 훈련을 '해야 하는 일'이 아니라 '하고 싶은 일'로 바꾸어 놓았습니다. 자신의 성장 과제를 스스로 설정하고 실천하는 환경은 몰입과 책임감을 자연스럽게 이끌어냈습니다. 자율은 곧 신뢰의 언어입니다. 이광환 감독이 선수에게 건넨 믿음은 말이 아닌 구조로 구현되었고, 선수들은 그 신뢰에 응답하듯 자신을 움직였습니다. 자율은 느슨한 통제가 아니라, 강력한 동기의 출발점이었습니다.

심리학에서는 "인간은 외적 통제보다 내면의 성취 욕구와 주인 의식에 따라 더 강하게 움직인다"라고 설명합니다. 그중에서도 **신뢰받고 있다는 감정은 내적 동기를 극대화시키는 주요 요인입니다.** 1994년 LG 트윈스의 중심 선수였던 류지현 감독 역시 이를 회상하며, "신바람 야구는 선수가 스스로 책임지고 움직이게 만드는 자율의 리더십이었다."라고 말했습니다. 그리고 그 자율의 시작점은, 감독이 선수 한 명 한 명을 믿고 기다려준 자세였다는 점도 덧붙였습니다.

신뢰와 자율의 선순환 ────

직장생활에서도 마찬가지입니다. **리더가 구성원에게 자율권을 부여하는 것은 단순한 위임이 아니라, 그 구성원을 향한 믿음을 표현하는 일입니다.** 자율은 그 자체로 구성원에게 "당신을 신뢰한다"라는 강력한 메시지를 전달합니다. 그리고 사람은 신뢰받을 때, 그것에 보답하려는 책임감과 주인의식을 갖게 됩니다. 신뢰는 권한 이전보다 먼저 전달되어야 하며, 자율은 그 신뢰를 증명할 기회를 제공합니다.

자율은 때로 느리게 보이지만 가장 멀리 가는 길입니다. 구성원이 스스로의 리듬으로 성장할 수 있도록 기다려주는 리더의 인내와 존중이 쌓일 때, 조직은 눈에 띄지 않던 힘을 발휘하기 시작합니다. 리더가 각자의 속도를 인정하고 실패를 배움의 과정으로 받아들이며 도전할 수 있는 공간을 열어줄 때, 조직의 내면은 단단해집니다. 구성원은 리더를 위해서가 아니라, 스스로를 위해 움직이기 시작합니다. **자율은 곧, 사람을 믿고 한 걸음 물러설 줄 아는 용기입니다.**

이솝 우화 '해와 바람'에서 바람은 억지로 행인의 외투를 벗기려다 실패하고, 해는 따뜻하게 비추어 행인 스스로 외투를 벗게 합니다. 조직도 마찬가지입니다. 억지보다 분위기, 통제보다 신뢰, 명령보다 자율이 더 오래 작동합니다. 방향을 제시하고 자율을 부여할 때, 구성원은 자발적으로 판단하고 책임 있게 행동합니다. 리더는 바람처럼 몰아붙이기보다, 해처럼 구성원이 스스로 움직일

수 있는 환경을 만들어야 합니다. 그 따뜻한 환경은 결국 신뢰 위에서 세워집니다.

그런 환경을 마련하기 위해 리더는 몇 가지 원칙을 잊지 말아야 합니다.

첫째, 신뢰는 자율의 출발점이라는 점을 인식하고, 구성원을 미리 판단하지 말고 믿고 맡겨야 합니다.
둘째, 자율에는 반드시 명확한 기준과 책임이 필요하므로, 리더는 기대하는 방향과 가치를 분명히 제시해야 합니다.
셋째, 구성원이 실패하더라도 성장을 위한 자연스러운 과정으로 인정하고, 반복 학습이 가능한 분위기를 조성해야 합니다.

리더가 이러한 원칙을 지킬 때 자율은 단순한 자유가 아니라, 구성원이 스스로를 일으켜 세우는 성장의 발판이 됩니다.

3장

동기부여

어떻게 구성원의
잠재력을
깨울 것인가?

"리더는 모두가 포기할 때 마지막까지
희망을 가진 사람이어야 한다."

― 김성근, 대한민국 야구 감독

TIME OUT!
Checklist

3장은 구성원의 마음에 불을 붙이는 '동기 부여'를 다룹니다. 리더는 단순히 지시하는 사람이 아니라, 구성원이 스스로 가능성을 발견하고 도전할 수 있는 환경을 만드는 사람입니다.

Key Points

1. 평범한 인재도 비범한 열정을 발휘할 수 있다.
2. 강점에 집중할 때 잠재력이 살아난다.
3. 인내와 끈기가 기적을 만든다.
4. 결정적인 피드백이 변화를 이끈다.
5. 구성원의 언어로 소통해야 몰입과 변화를 만들 수 있다.
6. 유머는 팀 분위기를 되살리는 힘이다.
7. 명확한 그라운드 룰이 변화를 지속시킨다.

Focus Question

나는 구성원의 잠재력을 어떻게 자극하고 있는가?

1.

평범한 인재들의
비범한 열정을 깨워라

주목받지 못한 가능성 ────

리더라면 누구나 훌륭한 인재와 함께 일하길 원합니다. 훌륭한 인재는 뛰어난 개인 역량을 바탕으로 다양한 문제 상황에서도 스스로 해법을 찾아내며, 즉각적인 성과는 물론 조직의 가치를 끌어올릴 수 있는 능력을 갖추고 있기 때문입니다. 그래서 많은 리더는 훌륭한 인재를 내부에서 육성하거나, 필요하면 외부에서 영입하려고 합니다.

스포츠계에서 에이스 급 인재를 확보하는 방법에는 두 가지가 대표적입니다. 하나는 자유 계약 선수(FA) 시장에서 거액을 투자해 검증된 선수를 데려오는 방식이며, 다른 하나는 드래프트 상위 순번을 통해 유망한 신인을 선발하는 방식입니다. 이런 방식은 막대한 자금력으로 유능한 선수를 싹쓸이하거나, 한 시즌 성적을 일부러 포기해 다음 시즌 드래프트 상위 선발권을 노리는 부작용을 낳기도 합니다. 그럼에도 불구하고 리더들이 이토록 에이스 급 인재 확보에 몰두하는 이유는, 바로 그들이 만들어낼 수 있는 즉각적 성과에 대한 갈증 때문입니다.

에이스급 선수들을 영입하기 위해서는 이렇듯 '영혼까지 끌어 모으는' 모든 노력을 총동원하지만, 반면 평범한 선수들은 눈에 띄는 성과를 내지 못했다는 이유만으로 쉽게 교체 대상이 되거나, 한 번의 실수로 입지를 잃는 경우가 많습니다. 이들은 팀의 중심이 되기보다 늘 보조 역할에 머물고, 아무리 노력해도 가치를 인정받지 못하는 경우가 많습니다. 스카우트 시장에서도 이들은 에이스 급 선수 트레이드에 '보너스 카드'처럼 덧붙여지거나, 같은 포지션에 에이스가 오면 곧바로 백업으로 밀려나는 현실을 마주합니다.

이런 현실 속에서도 때로는 푸대접이 열정과 투지를 자극해 신데렐라 스토리를 만들기도 합니다.
그러나 대부분은 충분한 기회를 부여받지 못하고 무대의 뒤편에 머물거나, 심지어 무대를 떠나는 상황을 심심치 않게 목격할 수 있습니다.

외인구단의 반란

물론 평범한 인재들이 처한 현실은 언제나 녹록지 않습니다. 그러나 그 속에서도 평범한 선수들과 함께 모두가 주목할 만한 성과를 이뤄낸 축구 감독이 있습니다. 바로 K리그 광주 FC의 이정효 감독입니다.

그는 2022년 2부 리그 시민 구단 광주 FC의 지휘봉을 잡았습니다. K리그 감독 경력도 없던 초보였고 팀 역시 전력이 약하고 연봉 규모도 다른 팀들에 비해 턱없이 적은 소박한 구단이었습니다. 스타 선수 한 명 없는 '무명의 집합체' 광주 FC는 누구도 큰 기대를 하지 않았던 팀이었습니다.

하지만 이정효 감독은 달랐습니다. 그는 이 평범한 선수들을 하나의 팀으로 묶어 단숨에 2부 리그 우승을 일궈냈습니다. 이듬해인 2023년에는 1부 리그에서 무려 3위라는 놀라운 성적을 기록했습니다. 그리고 이제, 광주 FC는 아시아 챔피언스 리그 무대에서도 당당히 8강에 올라, 국내를 넘어 국제무대에서도 가능성을 입증했습니다.

거창한 지원도, 화려한 스타 선수도 없었지만, 진심을 담은 리더십과 팀워크로 만든 성장은 큰 울림을 주었습니다.

이정효 감독은 팀에 부임한 초기에 "우리 선수들이 A급은 아니다."라며, 선수들의 기량이 리그 상위권 수준에는 미치지 못한다고 판단했습니다. 그러나 이러한 인식은 오히려 선수들의 잠재력을 발굴하고 팀 조직력을 강화하는 데 집중하는 계기가 되었습니다. 이정효 감독은 스타급 선수를 만드는 데 몰두하기보다는, 주목받지 못하던 선수들의 내면에 숨겨진 열정과 팀에 대한 헌신을 일깨우는 데 집중했습니다. 그의 리더십은 '재능'보다 '태도'를, '성과'보다 '과정과 성장'을 중시했습니다.

그는 무명에 가까운 선수들에게도 과감히 기회를 주었고, 실수를 두려워하지 말라는 메시지를 반복했습니다. "그냥 해."라는 짧은 한마디는 선수들의 마음을 흔들었고, 경기를 거듭할수록 선수들은 자신감을 되찾았습니다. 이러한 믿음의 리더십은 결국 "광주 FC는 안 돼!"라고 냉소적인 평가를 했던 이들조차 깜짝 놀랄 만한 결과를 만들어냈습니다. 아무도 주목하지 않았던 정호연, 이순민과 같은 평범했던 선수들은 국가대표로 성장했고, 엄지성은 잉글랜드 챔피언십 무대에 진출하는 성과를 이뤄냈습니다. 선수들은 하나같이 "감독님 덕분에"라는 말로 이정효 감독에 대한 신뢰와 존경의 뜻을 표현했습니다.

전술적으로도 그는 스타플레이어 한두 명에게 의존하지 않았습니다. 그는 전원이 수비에 가담하고 역할을 철저히 분담하며 팀워크로 승부하는 구조를 만들었습니다. 이정효 감독의 리더십은 우리에게 '누구를 데려오느냐'보다 '누구와 함께 성장하느냐'를 고민해야 한다는 메시지를 던졌습니다. 그는 자원을 탓하지 않고, 가진 것을 믿고 성장시켜 조직 전체의 성과로 바꿨습니다. 그가 이룬 결과보다 더 중요한 것은, 그 과정에서 한 명의 에이스보다 평범한 구성원 모두가 주인공인 팀을 만든 철학에 있습니다.

이정효 감독은 '개인의 성장이 곧 팀의 성장'이라는 확신과 신뢰를 심어주는 비전을 설계했습니다. 또한 모든 선수에게 공평한 기회를 주고 결과를 정당하게 평가하며, 작은 성과에도 팀 전체가 함께 공감하고 축하하는 문화를 만들었습니다. 그 결과, 이른바 B급 인재들도 자신을 실패한 선수가 아닌 가능성 있는 유망주로 인식하기 시작했습니다. 이들이 품은 희망과 열성은 결국 경기력으로 폭발했습니다.

평범한 인재들의 비범한 열정을 깨우는 일은, 단순히 뛰어난 인재를 영입하는 것 못지않게 중요한 리더의 과제입니다. 이정효 감독은 에이스급 선수는 치열한 승부에서 결정적인 차이를 만들 수는 있지만, 그 과정을 만드는 것은 평범한 인재들의 노력과 헌신 없이는 불가능하다는 사실에 집중했습니다. 조직은 몇몇 에이스가 아니라, 수많은 평범한 이들의 헌신과 성장 위에서 비로소 단단해집니다. 보이지 않던 가능성을 발견하고 스스로 피어날 수 있게 돕는 과정이야말로 진정한 리더십의 힘입니다. 누구를 데려오느냐보다, 누구와 함께 성장하느냐를 고민하는 리더가 결국 더 큰 성과를 만들어냅니다.

이정효 감독의 리더십은 우리에게 이 사실을 다시 일깨워 주었습니다. **평범한 인재 안에 숨겨진 가능성을 믿고, 그들의 성장을 끝까지 지켜보는 리더야말로 진정한 변화를 만들어낼 수 있습니다.** 평범해 보이는 한 사람, 한 사람을 비범하게 만드는 것, 그것이야말로 조직을 진짜 강하게 만드는 길입니다. 결국 평범한 인재를 가능성의 주인공으로 만드는 리더가, 가장 의미 있고 가치 있는 승리를 만드는 리더입니다.

2.

구성원들의 강점에
집중하라

우수한 인재만으로는 부족하다

프로 스포츠팀과 기업은 우수 인재를 유치하기 위해 막대한 시간과 노력을 기울입니다. 뛰어난 인재를 많이 보유한 조직일수록 경쟁에서 승리할 가능성이 크기 때문입니다. 그러나 더 중요한 것은, 리더가 인재의 가능성을 믿고 오래 기다려주는 인내심입니다.

농구대잔치가 한 시대를 풍미하던 시절 연세대학교의 전성기를 이끈 최희암 감독은 라이벌 고려대학교와의 치열한 경쟁에서 승리할 수 있었던 가장 큰 이유로 이상민, 서장훈 같은 걸출한 인재의 영입을 꼽았습니다. 이처럼 유능한 인재 확보는 조직 성공을 위한 중요한 전략입니다.

다만 우수한 인재를 확보했다고 해서 자동으로 승리를 보장받는 것은 아닙니다. 뛰어난 인재의 확보가 훌륭한 성과로 이어지지 않았던 사례는 스포츠 현장에서 확인할 수 있습니다. 예를 들어, 한국 프로 농구의 청주 SK 나이츠(현 서울 SK 나이츠)는 '국보급 센터' 서장훈과 '매직 히포' 현주엽이라는 최강의 더블 포스트를 보유했음에도 불구하고 우승에 실패했습니다. 미국 메이저리그의 LA 에인절스는 '가장 부진했던 해에 MVP를 수상했던' 마이크 트라웃과 '21세기 베이브 루스' 오타니 쇼헤이라는 화려한 스타를 보유하고도 포스트시즌 진출에 실패한 시즌이 반복되었습니다.

이러한 사례는 재능 있는 구성원만으로는 조직의 성과가 담보되지 않음을 보여줍니다. 결국 구성원의 역량뿐만 아니라, 리더의 구성원 활용법이 병행되어야 성공할 수 있습니다. 많은 리더들은 유능한 인재와 함께하기를 원합니다. 그러나 현실의 조직에는 뛰어난 구성원도 있지만, 잠재력을 제대로 발휘하지 못하거나 약점을 지닌 구성원도 존재합니다. 그런데 리더가 구성원 수준에 따라 성과가 좌우된다고 생각한다면, 그것은 리더가 리더십의 중요성을 스스로 부정하는 셈이 됩니다.

우수한 인재를 활용하는 것은 빠르고 효율적이며, 일정 수준 이상의 결과를 기대할 수 있습니다. 하지만 진정한 리더는 유능한 셰프와 같습니다. 제철 재료를 고르고, 각각의 식재료가 가진 특성과 가능성을 고려해 요리를 완성하듯 아직 완성되지 않은 구성원의 잠재력을 발굴하고, 그것이 최상의 맛을 낼 수 있도록 정성과 시간을 들입니다.

숨겨진 가능성을 찾아라

유능한 리더는 화려한 이력이나 성과보다, 한 사람 안에 숨은 성장 가능성에 집중합니다. 그리고 그 가능성이 실제로 펼쳐지도록 환경을 조율하고, 격려하고, 때로는 기다려줍니다.

한국 축구의 박지성 선수도 이러한 예에 해당합니다. 명지대학교 재학 시절, 올림픽 대표팀과의 연습 경기에서 활약한 그는 허정무 감독의 눈에 들어 대표팀에 발탁되었습니다. 당시 그는 왜소한 체격의 미드필더였습니다. 피지컬이 중요한 수비형 미드필더로서 제약이 있었던 박지성 선수는 이후 2002년 히딩크 감독을 만나면서 새로운 전환점을 맞습니다. 히딩크 감독은 박지성 선수의 체력과 활동량에 주목해 그를 윙어로 전환시켰고, 이는 그의 기량을 폭발시킨 결정적 전환이었습니다. 결국 박지성 선수는 월드컵에서 맹활약하며 세계적인 명문 축구팀인 맨체스터 유나이티드에 입단해 활약했고, 현재까지 '해외 축구의 아버지'라는 별명으로 대한민국 축구를 대표하는 레전드가 되었습니다.

야구에서도 비슷한 사례가 있습니다. 2001년 KBO리그에서 다승왕과 구원왕을 동시에 차지한 신윤호 선수는 강속구를 던졌지만, 직구 컨트롤 부족으로 신뢰를 얻지 못했습니다. 하지만 김성근 감독은 그의 슬라이더에 주목했습니다. "직구 제구는 신경 쓰지 마라. 슬라이더에만 집중하라"라는 주문을 통해 신윤호 선수는 자신의 강점을 강화해 리그 최고의 투수로 도약했습니다.

이처럼 리더는 자신의 기준에 맞는 인재를 고르기만 하는 것이 아니라, 구성원이 가진 고유한 장점을 어떻게 활용할지에 주목해야 합니다. 열 손가락이 각각 다르듯, 구성원의 특성과 가능성도 저마다 다릅니다. 각자의 장점을 조직 성과로 연결시킬 수 있는 최적의 활용법을 찾는 것이야말로 리더의 핵심 역할입니다.

중요한 것은 리더의 관찰력과 신뢰입니다. 구성원이 자신의 능력을 발휘하기 위해서는 리더가 먼저 그 가능성을 믿고 기다려주는 태도가 필요합니다. 겉으로 드러나는 역량이 전부가 아니며, 시간이 지나야 비로소 빛나는 잠재력도 있습니다. **리더는 구성원을 있는 그대로 평가하기보다, 그 안에 숨어 있는 강점을 찾아내려는 노력을 멈추지 말아야 합니다.**

리더는 구성원의 실수나 한계를 단점으로만 보아서는 안 됩니다. 어떤 단점은 환경을 바꾸면 장점이 될 수 있고, 다른 방식으로 활용하면 전혀 다른 시너지를 낼 수 있습니다. 예를 들어 꼼꼼함이 지나쳐 속도가 느린 직원은, 정밀함이 필요한 업무에 배치하면 오히려 강점이 됩니다. 외향적인 구성원이 주도권을 가지면 내성적인 사람은 그 틈에서 섬세하게 관계를 관리할 수 있습니다. 조직은 다양한 색깔이 어우러질 때 더욱 균형 잡히고 건강한 결과를 만들어냅니다.

만약 박지성 선수가 체격 때문에 기회를 잃었다면, 신윤호 선수가 제구력 부족으로 외면 받았다면, 우리는 그들의 전성기를 볼 수 없었을 것입니다. **결국 리더는 구성원의 단점이 아니라 가능성과 장점에 주목해야 합니다.**

리더가 진정으로 조직의 성공을 원한다면, 약점을 탓하기보다 구성원과 소통하고, 장점을 강점으로 바꾸는 방법을 고민해야 합니다. 그것이 바로 구성원의 잠재력을 실현시키는 리더십이며, 승리하는 조직의 비결입니다. **진정한 리더는 평범한 인재의 가능성을 현실로 만드는 사람입니다.**

3.
인내심으로 기적을 만들어라

기다림의 미학

"우리는 또 하나의 위대한 도전에 나섭니다!"

2009년 월드베이스볼 클래식(WBC)을 앞두고, 대한민국 야구 대표팀 김인식 감독이 외친 출사표입니다. 은퇴를 고민하던 시기였지만, 그는 다시 현장으로 돌아와 대표팀을 이끌었습니다. 누구도 기대하지 않았던 위대한 도전은 한국 야구 역사에 길이 남을 기적으로 이어졌습니다. 그가 이끈 대한민국 대표팀은 2009년 WBC 준우승을 기록하며 전 세계를 놀라게 했습니다.

김인식 감독은 국제 대회에서 뛰어난 성적을 거두며 '국민 감독'이라는 별칭을 얻었습니다. 그러나 그를 진정한 리더로 만든 가치는 승리나 기록 때문만은 아니었습니다. 눈앞의 성과보다 사람을 믿고 기다린 인내심이 그의 리더십을 특별하게 만들었습니다.

팬들은 그의 야구를 '믿음의 야구'라고 불렀습니다. 이는 선수를 신뢰하는 차원을 넘어서, 실패와 시행착오를 성장의 일부로 받아들이며 끝까지 기다릴 줄 아는 자세를 의미합니다. 김 감독은 단기적인 결과에 흔들리지 않고, 선수의 가능성을 끝까지 지켜보는 지도자였습니다.

현실에서 구성원의 성장을 인내심 있게 기다리는 일은 결코 쉬운 일이 아닙니다. 특히 경쟁이 치열한 스포츠나 조직 세계에서는 오늘의 결과가 내일 자신의 자리까지 좌우하기도 합니다. 이런 환경 속에서 많은 리더는 짧은 시간 내에 성과가 없을 경우 기회를 회수하고, 다른 대안을 선택합니다. 어찌 보면 불가피한 선택처럼 보이지만, 이로 인해 수많은 '가능성'들이 싹을 틔우기도 전에 사라지곤 합니다.

하지만 김인식 감독은 달랐습니다. 그는 선수의 현재보다 미래의 모습을 더 중요하게 여겼습니다. 성장에는 시간이 필요하다는 것을 누구보다 잘 알고 있었기 때문에, 단기적인 부진에 흔들리지 않고 선수를 지켜봤습니다. 이러한 인내심은 결국 선수들이 알을 깨고 나와 전설로 성장하는 밑거름이 되었습니다.

그 대표적인 사례가 1991년 김기태 선수입니다. 당시 김기태 선수에게는 신인임에도 불구하고 팀의 4번 타자라는 중책이 주어졌지만 시즌 초반 성적은 부진했습니다. 그에 따른 감독의 결정을 비난하는 목소리도 적지 않았습니다. 그러나 김 감독은 "찬스에서는 자신감 있게 쳐라"라는 말을 거듭하며 기회를 지속적으로 부여했고, 결국 그는 한국 프로 야구 최초의 왼손 타자 홈런왕이 되었습니다.

같은 해 데뷔한 신인 투수 김원형 선수도 마찬가지였습니다. 데뷔전에서 완투승을 기록했지만, 이후 9연패의 부진을 겪었습니다. 대부분의 감독이 교체를 고려했을 상황이었지만, 김 감독은 "너는 팀의 에이스가 되어야 할 선수다."라고 말하며 흔들리지 않았습니다. 결국 그는 한국 프로 야구를 대표하는 투수로 성장했습니다.

1995년 OB 베어스(현 두산 베어스) 시절에는 중심 타자였던 김상호 선수가 땅볼 타구를 반복하자, 김 감독은 "삼진은 괜찮지만, 땅볼은 벌금이다. 무조건 외야로 날려라."라는 파격적인 지시를 내렸습니다. 그 주문은 그의 타격 습관을 변화시켰고, 결과적으로 잠실 야구장을 연고로 둔 팀 최초의 홈런왕으로 도약하게 만들었습니다.(잠실 야구장은 경기장 사이즈가 커서 홈런이 쉽게 나오지 않음)

김인식 감독의 인내심이 훌륭한 이유는 단순히 기다리는 것이 아닌, 선수의 성장 가능성에 대한 확신을 바탕으로 철저히 설계된 인내심이기 때문이었습니다. 그는 단순히 기회를 주는 데 그치지 않았습니다. 그는 구체적인 피드백과 방향 제시를 통해 선수들이 스스로 성장할 수 있는 환경을 만들었습니다. 즉, 무조건 참는 인내가 아니라 명확한 목적과 방향성을 가진 전략적인 기다림이었습니다.

성장은 기다림에서 시작된다

조직에서도 마찬가지입니다. 구성원이 성과를 내기까지는 크고 작은 실수와 좌절을 겪습니다. 이 과정에서 **리더가 인내심을 가지고 기다려줄 수 있느냐가**, 그 사람의 성장을 결정짓는 핵심 요소가 됩니다. 특히 지금의 성과가 부족하다고 해서 그 사람의 가능성마저 부정한다면, 미래의 경쟁력을 스스로 포기하는 결과를 초래할 수 있습니다.

진정한 리더십은 구성원의 잠재력을 끝까지 믿고 기다릴 줄 아는 인내심에서 비롯됩니다. 실수를 질책하기보다, 그 실수를 통해 무엇을 배울 수 있을지를 함께 고민해주는 리더가 필요합니다. 방향을 분명히 제시하고, 그 방향으로 다시 나아갈 수 있도록 응원하는 리더가 있을 때 구성원은 다시 일어섭니다.

인내는 고통스럽기도 합니다. 리더의 입장에서는 성과 없는 기다림에 불안감을 느낄 수 있습니다. 그러나 단기적인 성과보다 중요한 것은 지속 가능한 성장을 위한 기반을 마련하는 것입니다. 빠른 결과보다 더 귀한 것은 시간이 지나도 흔들리지 않는 성과와 신뢰입니다.

지금의 모습이 만족스럽지 않다고 해서 그 사람이 결코 성장하지 못할 존재라고 단정할 수는 없습니다. 리더의 인내심은 우리가 예상하지 못한 성과와 변화를 현실로 만드는 힘이 됩니다. 아직 드러나지 않은 가능성을 끝까지 믿는 것, 그것이야말로 리더가 할 수 있는 가장 위대한 역할입니다.

누구나 빛날 수 있는 잠재력을 가지고 있지만, 그 빛이 언제 드러날지는 아무도 알 수 없습니다. **리더십은 현재의 부족함에 머무르지**

않고, 그 너머에 숨겨진 가능성과 성장의 여지를 바라보는 데서 시작됩니다. 모든 인재는 처음부터 완성된 모습으로 나타나지 않습니다. 한 사람의 가능성을 알아본 리더 한 명이 조직 전체의 미래를 바꿔 놓기도 합니다. 조직의 기적은 인재의 잠재력에서 비롯되며, **그것을 현실로 만드는 힘은 결국 리더의 인내심입니다.** 사람을 키운다는 일은 드러나지 않은 능력까지 믿고 기다리는 용기이자, 그 가능성을 끝까지 지켜보는 인내입니다.

4.

결정적인 피드백으로
변화를 주도하라

전략적 피드백의 효과 ─────

크리스티아누 호날두(Cristiano Ronaldo)는 리오넬 메시(Lionel Messi)와 함께 지난 20년간 세계 축구를 양분한 전설적인 선수입니다. 화려한 개인기, 탁월한 골 결정력, 남다른 신체 능력을 갖춘 그는 맨체스터 유나이티드, 레알 마드리드, 유벤투스 같은 세계 최정상급 클럽에서 눈부신 커리어를 쌓았습니다. 발롱도르, 즉 한 시즌 동안 유럽 무대에서 최고의 활약을 펼친 선수에게 수여되는 상을 무려 5회 수상했고, 리그 우승, UEFA 챔피언스 리그, 유럽 선수권 대회 등 굵직한 국제 대회에서도 다수의 우승 트로피와 득점왕 타이틀을 거머쥔 인물입니다. 그가 남긴 기록은 단순한 숫자가 아닌, 시대를 상징하는 하나의 기준이 되었습니다.

그러나 지금의 화려한 호날두가 있기까지는 단순한 재능이나 노력만 있었던 것이 아닙니다. 특히 그의 본격적인 커리어의 시작점이라 할 수 있는 맨체스터 유나이티드 입단 당시, 만 18세였던 그는 아직 다듬어지지 않은 원석에 불과했습니다. 드리블 실력은 눈부셨지만 개인플레이에 지나치게 몰입했습니다. 몸싸움에서의 약점, 골 결정력의 기복, 감정 조절의 미숙함 등 아직 갈 길이 먼 유망주에 불과했습니다.

이런 호날두를 가능성 하나만으로 품은 인물이 바로 맨체스터 유나이티드의 전설적인 감독 알렉스 퍼거슨입니다. 퍼거슨 감독은 호날두의 현재 모습이 완성된 모습이 아니라는 것을 분명히 인식하고 있었습니다. 그는 '호날두를 세계 최고의 선수로 만들겠다'라는 신념을 가지고 있었고, 이는 단순한 기대가 아니라 구체적인 계획과 인내로 이어졌습니다. 퍼거슨은 호날두를 향한 리더십과 피드백에 세 가지 핵심 원칙을 적용하며 그의 성장을 이끌었습니다. 그것은 바로 구체성, 객관성, 성장 지향성입니다.

첫째, 퍼거슨 감독은 구체적인 피드백을 반복적으로 주었습니다. 호날두가 경기에서 과도하게 드리블하거나 동료와 적절히 어울리지 못할 때마다, 그는 훈련장이나 경기 직후 즉각적으로 피드백을 주었습니다. "지금 기술은 좋지만, 팀을 위해 움직이지 않으면 승리를 가져올 수 없어."라는 조언은 호날두에게 명확한 메시지를 전달했습니다. 훈련 중에도 '볼을 오래 끌지 마라.', '실용적으로 플레이하라.'라는 행동 중심 피드백을 꾸준히 전달하며 그의 플레이 방식을 조금씩 바꾸었습니다. 그 결과 호날두는 화려함에만 치우친 플레이어에서 루니, 박지성, 긱스 등과 조화를 이루는 팀 플레이어로 발전할 수 있었습니다.

둘째, 퍼거슨 감독은 객관적인 진단과 분석에 근거하여 피드백을 실시했습니다. 퍼거슨은 호날두가 신체적으로 프리미어 리그에 적합하지 않다고 판단했고, 피트니스 코치와 협의하여 체격을 키우고 체력을 강화하는 특별한 트레이닝 프로그램을 설계했습니다. 이를 통해 호날두는 몸싸움 능력을 획기적으로 향상시켰고, 이는 경기력의 향상으로 이어졌습니다. 또한 경기 후에는 비디오 분석과 일대일 면담을 통해 강점과 약점을 함께 짚어주며 방향성을 제시했습니다. 퍼거슨이 객관적인 데이터와 근거에 기반해 피드백을 했기 때문에 자존심이 강한 호날두 역시 감독을 신뢰하고 수용할 수 있었습니다.

셋째, 퍼거슨의 피드백은 항상 성장 지향적이었습니다. 그는 문제점을 지적하는 데 그치지 않고, '이 부분을 고치면 너는 더 나아질 수 있다'라는 관점에서 접근했습니다. 감정 조절이 부족했던 호날두에게 퍼거슨은 멘털 관리의 중요성을 강조했습니다. 경기 도중 판정에 격앙되거나 동료에게 예민하게 반응하는 모습은 팀의 리듬을 무너뜨릴 수 있었습니다. 이에 퍼거슨은 이를 개선해야 할 과제로 삼고 지속적으로 소통했습니다. "이건 너의 단점이 아니라, 우리가 함께 해결해야 할 과제다."라는 말은 호날두에게 일방적인 지시가 아닌 동반자형 리더십이었습니다. 이처럼 퍼거슨의 태도는 호날두가 더 높은 차원의 선수가 되는 데 결정적인 영향을 미쳤습니다.

호날두는 훗날 맨체스터 유나이티드 구단 미디어와의 인터뷰에서 이렇게 말했습니다.

"퍼거슨 감독에게 너무나 감사하다. 그가 말하는 것과 행동 모두에 감사한다!"

그의 말은 단순한 감사의 인사를 넘어서, 퍼거슨 감독의 가르침이 자신에게 얼마나 중요한 역할을 했는지를 나타냅니다.

스포츠 세계에서는 최고의 선수와 전설적인 명장이 만났을 때 오히려 자존심의 충돌로 인해 불협화음이 발생하는 경우도 적지 않습니다. 특히 자존심이 강하기로 유명한 두 사람이 만났을 때에는 더욱 그러합니다. 그러나 퍼거슨 감독은 이미 라이언 긱스, 에릭 칸토나, 데이비드 베컴 등 수많은 스타 플레이어들과 함께하면서 다양한 성향의 인재들을 길러낸 경험이 있었습니다. 맨체스터 유나이티드를 16년 이상 이끌어오며 쌓은 노련함을 통해 그는 호날두를 대할 때에도 유연하면서도 원칙 있는 리더십을 발휘할 수 있었습니다. 그런 퍼거슨이기 때문에 자존심 강한 호날두도 기꺼이 그의 피드백을 받아들이며 성장할 수 있었던 것입니다.

퍼거슨 감독이 호날두에게 전한 피드백은 강압적인 지시가 아닌, 명확한 방향성과 신뢰를 바탕으로 한 동반자형 리더십이었습니다. **자존심이 강했던 호날두가 자신의 고집을 내려놓고 퍼거슨 감독의 피드백을 수용할 수 있었던 이유는, 퍼거슨 감독의 피드백 원칙들이 '구체성, 객관성, 성장 지향성'이라는 명확한 기준 안에서 일관되게 작동했기 때문입니다.** 호날두는 그의 피드백을 마지못해 따른 것이 아니라, 진심으로 자신을 발전시키고자 하는 열망 속에서 묵묵히 받아들였습니다. 그 결과 두 사람의 조합은 프리미어 리그 3회 우승, 챔피언스 리그 우승, FIFA 클럽 월드컵 우승으로 이어졌습니다.

원칙 있는 피드백의 힘

리더의 입장에서 구성원에게 변화를 유도하는 피드백을 지속적으로 전달하는 것은 결코 쉬운 일이 아닙니다. 때로는 감정에 치우치기도 하고, 스스로 세운 원칙을 잊은 듯한 피드백을 하는 리더도 있습니다. 그러나 리더가 진정으로 구성원의 개선과 성장을 바란다면, 자신만의 피드백 원칙을 세우고 그것을 끝까지 지킬 인내심과 실천력이 필요합니다.

퍼거슨 감독의 리더십이 보여준 것처럼, 오늘날의 리더들도 퍼거슨 감독처럼 구성원에게 구체적이고 객관적인 피드백을 주며, 그들의 성장에 도움이 되는 방향으로 이끌어야 합니다. 특히 빠르게 변화하는 환경 속에서 구성원들은 명확한 목표와 기준을 필요로 합니다. 구체적인 피드백은 구성원이 정확히 어떤 부분을 개선해야 하는지 알려줍니다. 그리고 객관적인 분석은 개인의 감정이나 선입견을 배제하고 공정한 평가를 가능하게 만듭니다. 또한 성장 지향적인 피드백은 단기적인 실수나 실패에 얽매이지 않고, 구성원이 장기적으로 발전할 수 있도록 유도합니다. 이 세 가지 원칙을 실천할 때, 구성원은 자신의 잠재력을 발휘하고, 조직은 더욱 강력하고 일관성 있는 팀으로 발전할 수 있습니다.

5.
그들의 언어로
이야기하라

베르너를 깨운 손흥민의 한마디 ─────

티모 베르너는 독일의 촉망받는 축구 선수였습니다. 하지만 부진이 이어지며 '한물간 선수'라는 평가까지 받았고, 팬들의 기대에서도 점차 멀어졌습니다. 그런 그를 토트넘이 2023-24 시즌 겨울 이적 시장에서 단기 임대로 영입했습니다. 팀의 핵심 공격수였던 손흥민이 아시안 컵 출전으로 잠시 이탈하면서 공격 자원이 부족했던 토트넘은 베르너에게 또 한 번의 기회를 부여했습니다.

그러나 팬들의 반응은 회의적이었습니다. 2023-24 프리미어 리그 27라운드, 크리스탈 팰리스와의 경기에서 베르너는 또다시 의문을 낳는 플레이를 보였습니다. 전반 17분, 손흥민이 찔러준 완벽한 패스를 골키퍼와의 일대일 상황에서 놓치며 그는 고개를 떨겼습니다.

하지만 후반전, 경기는 전환점을 맞습니다. 팀이 0-1로 끌려가던 후반 32분, 베르너는 브래넌 존슨의 패스를 침착하게 마무리하며 토트넘 데뷔골을 기록했습니다. 이는 프리미어 리그 기준 682일 만의 득점이었으며, 그의 부활을 알리는 신호탄이자 다시 열정을 일깨우는 출발점이었습니다.

이 극적인 장면 뒤에는 손흥민 선수의 리더십이 있었습니다. 전반전에 결정적인 찬스를 놓치고 위축된 베르너에게 손흥민은 독일어로 짧고 강한 피드백을 전달했습니다. "계속해!(Mach weiter!)" 단 두 마디였지만, 모국어로 전해진 이 격려는 베르너를 일으켜 세우기에 충분했습니다. 손흥민은 단순한 격려를 넘어, 동료의 심리적 상태와 문화적 배경까지 고려한 리더십을 실천했습니다.

베르너는 경기 후 인터뷰에서 손흥민의 이 독려가 자신에게 큰 힘이 되었으며, 그 이후 자신감을 회복하고 골을 넣을 수 있었다고 말했습니다. 손흥민 역시 같은 공격수로서 실수 이후의 심리 상태가 얼마나 위태로운지 알았고, 그 짧은 순간에 동료를 다시 일으켜 세울 수 있는 언어를 선택한 것입니다.

여기서 주목해야 할 것은 손흥민의 피드백 방식입니다. 단순한 격려나 일반적인 지시가 아닌, 상대방의 언어와 감정 상태에 맞춘 맞춤형 메시지를 통해 효과를 극대화한 것입니다. 이러한 피드백은 단순히 말을 전하는 것이 아니라, 구성원의 감정을 꿰뚫고 행동 변화를 이끌어내는 강력한 도구입니다.

맞춤형 리더십의 힘

많은 리더들이 피드백을 '평가'의 도구로 여깁니다. 그러나 진정한 피드백은 각성을 이끄는 도구여야 합니다. 특히 실수나 실패 직후, 구성원은 위축되기 쉽고 다음 행동에 영향을 받을 수 있습니다. 이때 리더가 구성원의 성향, 언어, 정서적 반응을 고려해 던지는 한 마디는, 그들의 자신감을 되살리고 집중력을 회복시키는 촉매제가 됩니다.

여기서 핵심은 '리더의 언어'가 아니라 '구성원의 언어'여야 한다는 것입니다. 진정한 리더는 자신의 방식이 아닌 구성원이 익숙하고 공감할 수 있는 방식으로 다가가야 합니다. 손흥민이 독일어로 건넨 "계속해!"라는 말은 단순한 외침이 아니라, 베르니의 정서와 언어 감각에 맞춘 정확한 소통이었습니다. 모국어는 감정을 가장 빨리 건드리는 언어입니다. 낯선 경기장, 낯선 리그에서 고립감을 느끼던 베르너에게 손흥민의 독일어는 따뜻한 연결이었고, 그 안에서 그는 다시 싸울 힘을 얻었습니다.

리더의 입이 말할 때, 말의 길이, 빈도보다 중요한 것은 그 한마디가 얼마나 정확히 구성원의 마음에 닿는가에 달려 있습니다. 구성원이 진심으로 받아들이는 한 마디는 수십 번의 지시나 평가보다 더 큰 힘을 가질 수 있습니다. 리더가 구성원의 언어를 이해하고, 그것을 실천할 수 있을 때, 구성원은 리더의 존재 자체를 신뢰하게 됩니다. 그것이 바로 리더십이 관계로 완성된다는 의미입니다.

손흥민의 짧은 독일어 피드백은 그 순간 베르너에게 축구 인생을 다시 살아보겠다는 의지를 불러일으킨 메시지였습니다. 이처럼 리더는 구성원을 향한 말 한 마디조차도 철저한 준비와 이해를 바탕으로 전달해야 합니다. 이는 단순한 소통을 넘어선 '전략적 리더십 커뮤니케이션'입니다.

경기장에는 수만 명의 영국 팬들이 있었지만, 베르너의 귀에 꽂힌 것은 모국어로 들려온 동료의 외침이었습니다. 그리고 그 외침은 그의 발끝에서 득점이라는 결과로 나타났습니다. 리더십은 많은 말을 필요로 하지 않습니다. 단 한 마디가 구성원을 일으켜 세울 수 있다면, 그것이 곧 최고의 리더십입니다.

이 사례는 구성원의 감정과 상황을 파악하고, 그에 맞는 방식으로 접근할 수 있는 '핀포인트 리더십'의 중요성을 보여줍니다. 손흥민이 보여준 리더십은 단순히 경기 내 역할을 넘어서, 조직의 모든 리더가 배워야 할 실천적 메시지를 담고 있습니다.

리더는 구성원들이 가장 필요로 하는 순간에, 가장 적절한 방식으로 다가가야 합니다. 그 짧은 순간이 인생을 바꾸고, 팀의 분위기를 바꾸며, 결국 성과를 바꾸게 됩니다. 그리고 그 말이 구성원의 언어로 전달될 때, 비로소 행동을 변화시키는 강력한 동력이 됩니다.

6.

유머로
팀 분위기를 살려라

웃음으로 다음을 준비하다 ─────

스포츠 현장은 늘 긴장감이 감도는 공간입니다. 경기의 승패가 곧 선수의 평가로 이어지고, 감독의 리더십이 시험대에 오르며, 팬과 언론의 기대와 비판이 교차하는 곳입니다. 이 속에서 감독은 단순히 전략과 전술만을 짜는 사람이 아니라, 팀의 분위기와 선수의 마음을 관리하는 리더로서의 역할도 맡습니다.

한국 프로 야구에서 김인식 감독은 이 분야에서 독보적인 존재감을 보여준 리더입니다. 그의 리더십은 강한 카리스마보다는 인간적인 여유에서, 엄격한 통제보다는 따뜻한 농담에서 빛을 발했습니다. 김인식 감독의 유머는 웃음을 넘어, 팀 분위기에 활력을 불어넣고 선수들이 한계를 넘어설 수 있는 동기를 만들어냈습니다.

김인식 감독은 쌍방울, 두산, 한화 등 여러 팀을 이끌었으며, WBC 한국 대표팀 감독으로도 활약했습니다. 감독 생활 내내 그는 선수들 사이에서 '여유의 달인'으로 통했습니다. "내 농담이 썰렁하다고 하지만, 썰렁한 농담이라도 던져야 분위기가 산다"라는 그의 말에는 팀 분위기를 유연하게 풀어주려는 깊은 의도가 담겨 있었습니다.

대표적인 일화 중 하나는 두산 베어스 감독 시절, 박명환 투수가 중요한 경기에서 연속 실점을 하고 교체되었을 때의 이야기입니다. 보통 감독이라면 분노를 표출하거나 선수에게 실망감을 드러낼 만한 상황이었습니다. 하지만 김 감독은 벤치로 돌아오는 박명환에게 웃으며 "괜찮다, 집에 가서 가족들이랑 풀어라"라고 말했습니다. 그 농담 한마디에 선수는 자책감을 덜어냈고, 팀 분위기도 무겁게 가라앉지 않았습니다.

또 다른 사례로는, 한 투수가 마운드에서 부진한 모습을 보이자 김 감독이 "힘들다, 그만하면 됐다."라고 교체를 지시했을 때의 일화가 있습니다. 당시 선수는 "아닙니다, 더 던질 수 있습니다."라고 교체를 거부했지만, 김 감독은 웃으며 "아니, 내가 지켜보는 게 힘들다고."라고 답했습니다. 선수는 웃으며 마운드를 내려왔고, 그 순간 분위기는 무거움에서 웃음으로 바뀌었습니다. 이 농담은 "다음에 잘하면 된다"라는 신호였고, 선수는 그 신호를 동기부여로 삼아 다음 경기를 준비할 수 있었습니다. 이런 장면들은 단순히 위로의 차원을 넘어, 감독이 선수에게 보내는 신뢰와 격려의 표현이었습니다.

김 감독은 실수한 선수들에게 "괜찮다, 다음에 잘하면 된다."라고 말하며 자율성을 보장했습니다. 그는 선수들이 스스로 느끼고 각성하도록 기다리는 리더였으며, 그 속에서 자기 주도적인 동기 부여가 일어났습니다. 이러한 여유와 믿음은 단순히 젊은 선수들뿐만 아니라 팀 전체의 성장에 중요한 영향을 미쳤습니다. 2009년 WBC 대회에서도 그의 리더십은 빛났습니다. 김 감독은 "내 농담은 웃기려는 게 아니라 긴장을 풀게 하려는 것"이라며 선수들이 큰 경기에서 실력을 발휘할 수 있도록 심리적 안전망을 만들어주었습니다. 당시 대표팀은 세계적인 강팀들과 비교했을 때 객관적인 전력에서 밀리는 상황이었습니다. 하지만 김 감독의 유머와 신뢰 덕분에 선수들은 결속할 수 있었고, 이는 예상치 못한 쾌거로 이어졌습니다.

김인식 감독의 유머 리더십은 특히 젊은 선수들에게 "실패해도 괜찮다"라는 메시지를 보내며 부담을 덜어주었고, 그 결과 선수들은 더 과감히 도전하며 스스로 성장할 기회를 만들어갔습니다. 그의 리더십은 선수들로 하여금 "감독님은 내 가능성을 믿고 있다"라는 인식을 심어주었고, 이는 선수들이 자기 실력을 증명하고자 하는 강한 동기로 발전했습니다.

유머는 강한 리더의 전략적 선택

이러한 유머형 리더십은 몇 가지 중요한 교훈을 줍니다.

첫째, 유머는 약하거나 가벼운 리더의 도구가 아니라, 자신감과 권위를 가진 강한 리더만이 사용할 수 있는 고급 전략이라는 점입니다. 유머를 잘 사용하려면 그 전에 리더와 구성원 사이에 신뢰와 존중의 기반이 이미 형성되어 있어야 합니다.

예를 들어 리더가 농담을 던졌을 때, 조롱이나 무시로 오해되지 않고 '나를 챙기고 있다는 따뜻한 관심'으로 전달되려면, 평소 리더가 공정하고 존중하는 태도를 보여주어야 합니다. 만약 리더가 권위적이고 소통이 없는 상태에서 갑자기 농담을 하면, '웃음'이 아니라 '불쾌감'이나 '상처'로 다가올 수 있습니다. 즉, 유머는 단순한 말장난이 아니라, 리더의 신뢰라는 자본 위에서만 효과를 발휘하는 전략적 도구입니다. 믿을 수 없는 리더의 농담은 농담이 아닌 공격으로 느껴질 수 있기 때문입니다.

둘째, 유머는 위기 상황에서 문제를 풀어내는 효과적인 장치가 될 수 있습니다. 경기가 꼬이거나, 실수가 반복되거나, 팀 분위기가 가라앉을 때 리더의 농담 한마디는 공기의 흐름을 바꾸는 환기창 같은 역할을 합니다.

셋째, 유머는 구성원의 동기를 자극합니다. "감독님이 웃으며 내 이름을 불렀다.", "실수를 농담으로 넘겨줬다."라는 경험은 구성원에게 '나는 인정받고 있다', '다음엔 더 잘하고 싶다'라는 마음을 만듭니다. 이는 외부 보상보다 더 강력한 내적 동기를 만들어냅니다. 특히 요즘처럼 젊은 세대가 권위보다 관계, 명령보다 공감을 중시하는 시대에는, 이런 유머형 리더십의 효과가 더욱 큽니다.

물론 유머는 만능 열쇠가 아닙니다. 억지 농담은 오히려 역효과를 부를 수 있으며, 평소 신뢰가 약하면 농담이 가볍게 여겨질 수 있습니다. 하지만 김인식 감독의 사례는 중요한 교훈을 줍니다. 리더의 한마디, 한 행동은 구성원의 마음에 큰 파장을 일으킬 수 있으며, 그 파장은 때로 웃음에서 시작됩니다. 중요한 것은 리더가 어떤 마음으로 그 농담을 던지느냐, 그 안에 진심 어린 신뢰와 격려가 담겨 있느냐 하는 것입니다.

김인식 감독은 농담으로 경기를 바꾼 것은 아니지만, 농담으로 선수의 마음을 움직였고, 그 마음이 경기를 바꾸는 힘이 되었습니다. 웃음은 팀을 살리는 동력이었으며, 유머는 경직된 분위기에 생기를 불어넣는 리더의 전략이었습니다.

이 메시지는 스포츠 현장에만 머무르지 않습니다. 오늘날의 조직과 리더에게도 중요한 메시지를 줍니다. 업무에 몰입한 팀, 실적에 쫓기는 조직, 변화의 압박을 받는 구성원들에게 유머와 여유는 단순한 농담이 아니라 심리적 회복의 신호이자 동기 부여의 촉매제가 될 수 있습니다. 김인식 감독의 유머형 리더십은 바로 그 점에서 모든 리더들에게 유의미한 교훈을 줍니다.

여러분은 최근에 팀에서 웃음을 만들어낸 적이 언제였습니까? 지금 우리의 조직에도 김인식 감독의 따뜻한 농담 같은 리더십이 필요하지 않을까요? **유머형 리더십은 약한 리더의 도피처가 아니라, 강한 리더가 선택할 수 있는 용기이자 지혜입니다.** 지금 우리의 조직과 팀에도 김인식 감독의 따뜻한 농담 같은 리더십이 필요하지 않을까요?

유머는 특별한 순간에만 필요한 것이 아닙니다. 일상의 작은 대화와 표정 속에서도 조직의 분위기를 바꾸는 힘을 지닙니다. 반복되는 업무 속에서 웃음은 긴장을 풀고 다시 도전할 에너지를 만들어 줍니다. 유머는 리더의 마음이 열려 있다는 신호이자, 팀원들에게 "괜찮아, 우리는 함께야"라는 따뜻한 메시지입니다.

7.

그라운드 룰로
변화를 견인하라

강팀의 원칙

팀 스포츠에서 가장 중요한 요소는 무엇일까요? 단연코 팀워크입니다. 한두 명의 뛰어난 선수가 결정적인 순간에 승리를 가져올 수는 있지만, 장기적인 리그에서 꾸준히 강한 팀으로 남기 위해서는 개인의 기량을 넘어서는 조직력과 결속력이 필요합니다. 그래서 많은 지도자들은 자신들만의 '그라운드 룰(Ground Rule)'을 세워 팀을 이끌어갑니다. 이 원칙은 경기 내적인 요소뿐만 아니라 경기 외적인 요소까지 포함하며 선수들이 팀을 하나의 유기적인 조직으로 인식하도록 만들어 줍니다.

세계적인 명문 축구 클럽인 FC 바르셀로나는 경기의 내적인 원칙을 철저하게 지키는 팀으로 유명합니다. 바르셀로나의 축구 철학은 '티키타카(Tiki-Taka)'로 요약되는데, 이는 짧고 정확한 패스를 통해 상대를 압도하는 스타일입니다. 핵심은 전술이 아니라. 팀 전체가 하나의 축구 철학을 공유하는 데 있습니다. '짧고 정확한 패스', '공격과 수비의 유기적 협력', '유소년 시스템(라 마시아, La Masia)과 성인 팀의 일관된 운영', '스타 플레이어보다 시스템 우선'이라는 원칙을 바탕으로 바르셀로나는 즉흥적인 플레이보다 팀 철학을 중심으로 경기를 운영합니다.

그 결과, 2008년부터 2012년까지 펩 과르디올라 감독 체제에서 세계 최강의 팀으로 군림했고, 2009년에는 한 해 동안 6개의 트로피를 들어 올리는 대기록을 세웠습니다. 이 철학은 스페인 국가대표팀에도 전파되어, 유로 2008, 2010년 월드컵, 유로 2012에서 연달아 우승하며 역사상 가장 위대한 전성기를 만들었습니다.

뉴질랜드 럭비 대표팀 '올 블랙스(All Blacks)'는 경기 밖 원칙을 중시하는 팀으로 유명합니다. 이들이 세운 대표적인 원칙이 바로 'No Jerk Rule(이기적인 선수 배제 원칙)'입니다. 이것은 단순한 경기 전략이 아니라 팀 문화를 만드는 철학적 원칙입니다.

이 원칙은 '건방진 행동 금지', '좋은 선수가 되기 전에 좋은 사람이 되어라', '팀보다 위대한 선수는 없다', '자신이 사용한 라커룸을 직접 정리하라' 등의 요소로 구성됩니다. 이러한 원칙 덕분에 올 블랙스는 1903년 이후 국제 경기 77%의 승률, 럭비 월드컵 3회 우승, 세계 랭킹 1위 최장 유지 기록을 세우며 세계 최강팀으로 자리 잡았습니다.

No Jerk Rule은 선수들에게 명확한 방향성을 제시하며, 겸손과 책임감을 바탕으로 팀에 헌신하도록 유도합니다. 이를 통해 올 블랙스는 강한 유대감과 신뢰를 바탕으로 한 조직 문화를 형성하고 있으며, 환경 변화에도 흔들리지 않는 강팀으로 남아 있습니다.

바르셀로나와 올 블랙스가 서로 다른 방식으로 팀워크를 강조하지만, 이들의 공통점은 팀보다 개인이 앞설 수 없다는 원칙을 고수한다는 것입니다. 바르셀로나는 특정 선수의 개인적인 기량이 아니라, 철저한 시스템과 조직적인 움직임을 우선시하며 경기를 운영합니다. 올 블랙스 또한 뛰어난 개인 능력을 갖춘 선수가 있더라도, 그가 팀워크를 해치거나 팀의 원칙을 따르지 않으면 과감히 배제합니다. 그들의 그라운드 룰은 한두 번의 승리를 만들기 위한 전술이 아니라, 팀이 지속적으로 강한 조직력을 유지할 수 있도록 하는 핵심 원칙입니다.

We are the one

대한민국 프로 농구(KBL)에도 인상적인 그라운드 룰을 실천한 사례가 있습니다. SK 나이츠를 이끈 문경은 감독의 'We Are The One' 운영 철학이 대표적 사례입니다. 문경은 감독이 부임하기 전까지 SK 나이츠는 '잠재력은 있지만 기복이 심한 팀'이었습니다. 2000년대 후반부터 꾸준히 플레이오프에 진출했지만, 조직력과 팀워크 부족으로 인해 우승 경쟁에서는 번번이 밀려났습니다. 특히, 공격과 수비의 밸런스가 맞지 않았으며, 스타 플레이어 의존도가 높아, 팀 전체가 하나로 뭉치는 힘이 부족한 '모래알 팀'이라는 평가를 받았습니다.

문경은 감독은 이러한 문제를 해결하기 위해 감독직을 맡으며 'We Are The One'이라는 원칙을 세웠습니다. 이는 단순한 구호가 아니라 선수와 코칭스태프, 그리고 구단 전체가 하나가 되어야 강한 팀이 될 수 있다는 신념을 바탕으로 한 운영 철학이었습니다. 그는 체육관에 가장 잘 보이는 곳에 'We Are The One'이라는 슬로건을 내걸었고, 선수들이 이 원칙을 중심으로 움직이도록 강조했습니다.

핵심은 '팀이 개인보다 우선한다', '모든 구성원이 같은 목표를 공유한다', '서로를 존중하고 신뢰하는 문화를 조성한다', '선수의 개성을 존중하되 팀워크를 해치지 않는다', '강한 기본기와 끈질긴 수비를 강조한다'로 요약됩니다.

이를 실천하기 위해 문경은 감독은 출퇴근을 하지 않고 선수단 숙소에서 함께 생활했습니다. 그는 "감독이라고 나만 가족과 함께 지내면 팀의 슬로건인 'We Are The One'이 성립되지 않는다."라며, "팀이 하나가 되려면 선수와 선수 사이의 믿음, 코칭스태프와 선수단의 믿음이 최우선이다."라고 말했습니다.

문경은 감독의 운영 철학에서 인상적인 부분은 '기상 후 자유투 100개 연습과 다 같이 아침 식사하기'라는 루틴이었습니다. 기상 후 자유투 100개 연습은 선수들이 아침에 체육관에 모여 다 함께 훈련하는 과정으로, 단순한 기술 연습을 넘어 서로의 슛 자세를 잡아주며 피드백을 주고받는 시간이었습니다. 기상 후 자유투 100개 연습은 신체 훈련과 정서적인 교류를 동시에 가능하게 했으며, 경기 중 집중력을 높이는 데도 큰 도움이 되었습니다. 또한, 기본기를 강조하는 'We Are The One'의 정신과도 맞닿아 있었습니다.

자유투 연습이 끝나면 선수들은 한 자리에 모여 아침 식사를 함께 했습니다. 함께하는 아침 식사 시간은 선수들 간 유대감을 형성하고 소통의 기회를 늘리는 데 중요한 역할을 했습니다. 다른 팀에서는 아침 식사를 개인적인 시간으로 두지만, 문경은 감독은 하루의 시작을 팀원들과 함께하는 것으로 만들며 '하나의 팀'이라는 정체성을 강화했습니다. 이 시간을 통해 선수들은 지난 경기를 분석하고 다음 경기 전략을 논의하는 문화를 스스로 만들어갔습니다. 이렇게 팀 내 다양한 소통의 기회를 통해 SK 나이츠는 점차 하나의 팀으로 완성도를 높였고, 결국 문경은 감독 재임 기간 동안 두 차례 KBL 챔피언십 우승과 한 차례 준우승을 기록했습니다.

바르셀로나의 'Tiki-Taka', 뉴질랜드 럭비 대표팀의 'No Jerk Rule', 그리고 SK 나이츠의 'We Are The One'은 팀이 하나로 뭉쳐 나아갈 수 있는 명확한 방향성을 제시하는 그라운드 룰이었습니다. **리더가 자신의 팀 운영 철학을 구체화하면, 구성원들은 그것을 기준 삼아 행동할 수 있고, 이는 조직이 더욱 강한 결속력을 갖는 데 중요한 역할을 합니다.** 단순한 응원 구호가 아니라, 실제 행동 기준을 명확히 정의하는 것이 강한 조직의 핵심입니다.

결국, 리더의 역할은 조직이 나아갈 방향을 명확하게 설정하고, 그 철학을 실천할 수 있도록 지원하는 것입니다. 그라운드 룰은 리더의 철학을 구체화하여 팀원들이 어떤 가치와 원칙을 따라야 할지를 명확하게 제시하는 중요한 도구입니다. 단순히 목표를 제시하는 것에 그치지 않고, 팀원들이 실제로 어떻게 행동하고 협력해야 하는지를 구체적으로 정의하는 것입니다.

'We Are The One'과 같은 운영 철학은 단순한 구호가 아니라, 매일의 행동과 상호 작용에서 실천되는 원칙이 됩니다. 이를 통해 팀원들은 각자의 역할을 이해하고, 팀의 목표를 달성하기 위해 협력할 수 있는 명확한 기준을 갖게 됩니다.

리더가 이러한 구체적인 그라운드 룰을 통해 행동 기준을 제시할 때, 팀원들은 일관되고 집중된 방식으로 움직일 수 있습니다. 이것이 조직 성과와 결속력을 높이는 가장 확실한 길입니다.

TIME OUT

4장

문제 해결

무엇이 리더의
존재 가치를
드러내는가?

"문제에 집중하기보다 해결책에
집중하는 팀이 결국 승리한다."

– 존 우든(John Wooden), 미국 농구 감독

TIME OUT!
Checklist

4장은 리더가 가장 빛나는 순간, 즉 '문제 해결'을 다룹니다. 위기 상황은 리더십의 본질을 드러내는 시험대이자, 존재 가치를 증명하는 무대입니다.

Key Points

1. 문제의 원인을 끝까지 추적하라.
2. 보이지 않는 실책까지 경계하라.
3. 정답을 강요하지 말고 해답을 함께 찾아라.
4. 간결한 준비가 성과를 극대화한다.
5. 작전 타임은 전략적으로 활용해야 한다.
6. 자원을 최적화하여 언더독의 반란을 설계하라
7. 위기 앞에서는 과감한 결단이 필요하다.

Focus Question

나는 위기의 순간, 어떤 방식으로 문제를 해결하는 리더인가?

1.

문제의 원인을
끝까지 추적하라

챔피언의 눈물

오사카 나오미는 2018년부터 2021년까지 US 오픈과 호주 오픈 등 메이저 대회 여자 단식 부문에서 우승하며 세계 랭킹 1위에 올랐던 전설적인 일본 테니스 선수입니다. 2018년 US 오픈에서의 우승은 아시아 국적 여성 테니스 선수 최초의 단식 메이저 대회 우승이었습니다. 이전에도 아시아권 선수들이 복식이나 주니어 단식에서는 성과를 냈지만, 여자부에서 가장 치열한 경쟁이 펼쳐지는 단식 부문에서 아시아권 선수가 우승한 것은 역사상 처음 있는 일이었습니다. 또한 그녀는 메이저 대회 이외에도 다수의 우승 경력을 쌓으며 세계 랭킹 1위의 위업을 달성했습니다.

그러나 오사카 선수는 2018년부터 2021년까지 메이저 대회를 연이어 우승한 이후, 2021년 프랑스 오픈 대회에서부터 갑작스러운 경기력 저하와 연패를 겪게 됩니다. 그녀에게는 기술적, 체력적 문제는 없었으나 경기 집중력 저하가 눈에 띄게 늘었고, 경기 후 인터뷰에서는 자주 눈물을 흘리는 일이 벌어졌습니다. 세계 정상을 달리던 오사카 나오미 선수에게 과연 무슨 일이 벌어진 것일까요?

오사카 선수의 코치진은 처음에는 기술과 전술의 문제로 접근했습니다. 하지만 다양한 분석에도 불구하고 뚜렷한 해답을 찾지 못했습니다. 일시적인 컨디션 저하로 판단했지만, 시간이 지나도 기량은 회복되지 않았고, 결국 그녀는 "나는 무엇보다 한 인간이며, 지금 나에겐 휴식과 자기 회복이 필요하다"라며 경기 참가를 중단한다고 선언했습니다.

오사카 선수가 2018년 US 오픈에서 세리나 윌리엄스를 꺾고 우승했을 때, 많은 사람들은 '아시아 테니스의 새 역사'라며 환호했습니다. 그 이후로도 오사카 선수가 계속해서 대회에서 승리하고 새로운 역사를 이어가기를 기대했습니다. 하지만 그 무렵부터 그녀는 경기에서 이겨도 기쁘지 않고 오히려 마음이 무거워지는 이상한 감정에 휩싸이기 시작했습니다. 그래서 주변 사람들에게 "내가 왜 우울한지 나도 모르겠어"라고 괴로운 마음을 토로하기도 했습니다.

결국 그녀는 휴식을 선언하고 처음으로 자신의 감정을 추슬러가 겠다고 결심했습니다. 정신 건강 전문가와 상담을 시작했고, 감정을 억누르지 않고 슬픔과 불안, 우울감을 객관화하려 노력했습니다. 또한 감정을 정리하기 위해 일기를 쓰기 시작했고, 이를 통해 감정의 원인을 파악하고 되돌아보는 루틴을 형성했습니다.

그녀는 자신을 억압했던 완벽주의 성향을 내려놓고 "못해도 괜찮아", "오늘은 쉬어도 돼"라는 자기 긍정의 메시지를 반복하며 자기 수용성을 키워 나갔습니다. 그 결과 그녀는 2023년 다시 테니스 대회에 복귀했고, 테니스뿐 아니라 삶 전체에서 균형을 중시하는 태도로 변화하게 되었습니다.

그녀가 부진에 빠지자 많은 이들은 무리한 훈련이나 신체 기능 저하를 원인으로 꼽았지만 정작 그녀에게는 신체적인 문제가 아닌 정신적인 휴식과 돌봄이 필요했던 것이었습니다. 결국 자신의 문제를 스스로 인식한 오사카 선수는 잠시 본업인 테니스 선수의 자리에서 벗어나 진정한 자신을 찾기 위해 노력한 끝에 다시 자신의 자리에 돌아올 수 있었습니다.

시야를 넓혀야 답이 보인다

맨체스터 유나이티드를 대표했던 1990년대의 전설적인 윙어 라이언 긱스도 유사한 과정을 겪었습니다. 그는 화려한 커리어와는 달리 잦은 햄스트링 부상에 시달린 선수로 알려져 있습니다. 1990년대 후반 그는 거의 매 시즌 햄스트링 부상으로 몇 경기씩 결장했고, 이는 그가 가진 압도적인 스피드와 드리블 능력을 지속적으로 발휘하지 못하게 하는 큰 장애물이었습니다.

퍼거슨 감독과 맨체스터 유나이티드 메디컬 팀은 긱스의 부상 원인을 분석했는데, 같은 부위의 부상이 지속적으로 반복된다는 점에서 단순한 경기 중 충격이 원인은 아니라고 판단했습니다. 이에 따라 메디컬팀은 그의 훈련 과정을 포함해 생활 습관 전반을 관찰하며 원인을 찾고자 했습니다.

그 결과 긱스는 좌석을 뒤로 젖히고 다리를 뻗은 채 장시간 운전하는 습관을 갖고 있었습니다. 당시 그는 스포츠카 스타일의 차량을 선호했고, 스타일리시함을 유지하기 위해 운전대를 낮게 하고 시트를 뒤로 젖힌 자세를 취했습니다. 이 자세는 햄스트링과 둔근을 지속적으로 긴장시키고, 혈액 순환을 방해해 근육 회복을 지연시키는 원인이 되었습니다. 특히 훈련이나 경기 후 회복이 중요한 시간대에 이런 자세를 반복함으로써 회복의 골든 타임을 놓친 것이었습니다.

이에 따라 메디컬팀은 긱스에게 운전 자세를 바꾸도록 권했고, 그는 의자를 바로 세우고 바른 자세로 운전하기 시작했습니다. 동시에 근육의 유연성과 균형을 회복하기 위해 요가, 필라테스, 수중 재활 훈련 등을 성실히 수행했습니다. 그 결과 긱스는 햄스트링 부상에서 점차 벗어나 30대 중반 이후에는 부상 없이 40세까지 현역 생활을 이어갈 수 있었습니다. 퍼거슨 감독은 긱스의 사례를 회고하며 "긱스는 천재이지만, 부상 관리를 통해 더 오래 살아남는 법을 터득했다. 그것이 진짜 프로다"라고 말했습니다.

긱스의 사례에서도 많은 이들이 부상의 원인을 훈련과 경기 과정에서만 찾으려 했습니다. 어찌 보면 이는 자연스러운 접근일 수 있습니다. 그러나 오사카 나오미와 라이언 긱스의 사례에서 보듯, 슬럼프와 부진은 경기장뿐만 아니라 일상 속에서도 생길 수 있습니다.

그렇기 때문에 **리더가 구성원이 어려움에 처했을 때, 원인과 해답을 직장이나 업무 안에서만 찾으려 한다면 본질을 놓칠 수 있습니다. 리더는 구성원과의 다양한 소통과 교류를 통해서 그들이 겪고 있는 상황을 넓은 시야로 바라볼 수 있어야 합니다.** 그리고 구성원들의 처지를 진심으로 공감하고 함께 문제 상황을 풀어가려는 태도를 가진다면, 이는 구성원이 다시 업무에 몰입할 수 있는 동기를 이끌어내는 동시에 리더와 구성원 간의 신뢰를 더욱 깊게 만드는 계기가 될 것입니다.

2.
보이지 않는
실책을 경계하라

머클의 실수

야구에서는 선수가 플레이 도중 실수를 저지르면 이를 '실책'으로 기록하여, 타자의 출루가 수비 실수에 의한 것인지, 정당한 안타에 의한 것인지를 명확히 구분합니다. 이는 플레이의 원인과 책임을 명확히 하여 경기 상황을 공정하게 기록하기 위함입니다. 예를 들어, 수비의 실책에 의해 진루를 허용한 타자가 득점을 한 경우에는 투수의 자책점에서 제외하는 등, 결과의 합리적인 판단을 위한 기준으로 실책이 활용됩니다.

그런데 야구에서는 공식 기록에는 남지 않지만 경기 흐름에 영향을 주는 실수를 '보이지 않는 실책'이라고 부릅니다. 이는 수비, 주루, 전술적 판단에서 발생한 실수로, 기록상 '에러'로는 처리되지 않지만 팀 전체에 영향을 미치는 플레이를 뜻합니다. 예를 들어, 병살 플레이가 가능한 상황에서 수비수가 판단을 잘못해 한 명만 아웃시키거나, 2루 주자가 타구 판단을 잘못해 홈으로 들어올 수 있었음에도 3루에 머무는 경우, 또는 수비수들이 중계 플레이 시 위치를 잘못 잡아 주자를 아웃시키지 못하는 경우 등이 이에 해당합니다.

이러한 플레이는 기록상 실책으로 남지 않지만, 향후 경기 흐름을 악화시키고 팀 전체에 부정적 결과를 불러올 수 있습니다. 누군가는 기록에 남지 않기 때문에 큰 문제가 아니라고 생각할 수도 있지만, 이런 실수들은 팀의 경기 흐름뿐만 아니라 분위기와 사기 같은 외적 요소에도 부정적인 영향을 미칠 수 있는 잠재적 위기 요인이 됩니다. 그렇기 때문에 우리는 '보이지 않는 실책'을 더욱 경계하고 주의 깊게 살펴보아야 합니다.

메이저리그에서는 잘못된 판단으로 치명적 패배를 기록했던 역사가 있습니다. 이 사건은 1908년 내셔널 리그 정규 시즌 뉴욕 자이언츠(현 샌프란시스코 자이언츠, 1958년 연고지 이전)와 시카고 컵스의 경기에서 벌어졌습니다. 당시 뉴욕 자이언츠는 피츠버그 파이어리츠, 시카고 컵스와 치열한 3파전으로 리그 우승을 다투고 있었습니다. 문제가 되었던 이 경기는 9회말까지 1 대 1로 팽팽한 동점 상황이었습니다. 뉴욕 자이언츠는 2아웃 상황에서 맥코믹이 3루, 19세 신인 프레드 머클이 1루 주자였습니다. 타석에 들어선 브리드웰이 중견수 앞으로 안타를 치자, 3루 주자 맥코믹이 홈을 밟았고, 경기가 끝난 듯 보였습니다. 관중들은 환호하며 경기장 안으로 몰려들었고, 머클을 포함한 자이언츠 선수들 역시 끝난 경기라 여겨 그라운드를 떠났습니다.

그러나 문제는 머클이 2루로 진루하지 않은 상태에서 그라운드를 이탈한 것이었습니다. 이를 본 컵스 측은 즉시 공을 회수해 2루로 송구했고, 심판은 규정에 따라 머클이 포스 아웃됐다고 판정하며 득점을 무효로 선언했습니다. 경기는 무승부로 처리되었고, 시즌 마지막 재경기에서 컵스가 승리하면서 시카고 컵스는 내셔널 리그 우승을 차지하게 됩니다. 공식 기록에는 머클의 플레이가 실책으로 남지 않았지만, 시즌 전체를 뒤흔든 결정적 판단 착오로 야구 역사에 길이 남았습니다.

실패를 부르는 보이지 않는 실책 ————

직장 내에서도 공식적으로 기록되지는 않지만 조직에 부정적인 영향을 주는 '보이지 않는 실책'은 자주 발생합니다. 예를 들어, 회의에서 논의된 핵심 내용을 정확히 기록하거나 전달하지 않아 실행 과정에서 혼선이 빚어지는 경우, 중요한 이메일이나 보고를 제때 확인하지 않아 대응이 늦은 경우, 그리고 감정 조절에 실패해 동료와의 신뢰를 해치고 팀 분위기를 위축시키는 태도 등이 이에 해당합니다. 이처럼 겉으로는 드러나지 않지만, 작은 부주의와 판단 착오가 팀의 성과와 조직 문화에 지속적인 악영향을 미칠 수 있습니다.

리더는 조직 관리 과정에서 공식적인 지표나 수치로는 드러나지 않는 '보이지 않는 실책'을 특히 경계해야 합니다. 이러한 실책은 업무의 흐름을 흐리거나 구성원의 사기를 떨어뜨리는 등 눈에 보이지 않는 방식으로 조직에 악영향을 끼칩니다. 때로는 단 한 번의 판단 착오나 무심한 태도가 신뢰를 무너뜨리고, 회복하기 어려운 결과로 이어지기도 합니다. 기록되지 않기에 오히려 더 민감하게 살펴야 할 리더의 영역입니다.

이러한 실책을 예방하기 위해 리더는 세 가지 관점을 가져야 합니다.

첫째, '상황을 끝까지 보는 관점'입니다. 단편적인 장면이나 수치만으로 판단하지 말고, 흐름 전체를 읽는 태도가 필요합니다.
둘째, '사람의 감정을 읽는 관점'입니다. 구성원의 표정과 반응 속에 드러나는 미세한 신호를 놓치지 않아야 합니다.
셋째, '기록되지 않는 문제를 인식하는 관점'입니다. 수치화되지 않는 문제일수록 조직에 더 깊은 영향을 줄 수 있음을 인식하고, 사각지대를 살펴보는 리더의 민감함이 필요합니다.

리더는 보이는 현상에만 집중할 것이 아니라, 보이지 않는 작은 실수와 흐름의 미세한 변화에도 주의를 기울여야 합니다. '보이지 않는 실책'은 기록에는 남지 않지만, 조직의 신뢰와 성과에는 큰 영향을 미칠 수 있기 때문입니다. 숫자로 드러나지 않는 징후와 흐름을 놓치지 않기 위해, 리더는 일상의 사소한 순간에도 세심한 관찰과 관심을 기울여야 합니다.

물론, 리더가 모든 실책을 완벽히 막을 수는 없습니다. 그러나 중요한 것은 보이지 않는 실책에 대한 민감성과 책임감을 갖는 태도입니다. 작은 균열이 조직 전체에 영향을 주듯, 미세한 징후를 감지하고 대응하려는 리더의 노력은 위기를 기회로 바꾸는 힘이 됩니다. 조직의 신뢰는 그렇게 세심한 관찰과 끊임없는 성찰 위에서 쌓입니다. 결국 '보이지 않는 실책'을 줄이려는 리더의 태도는 곧, 구성원을 존중하고 조직의 미래를 지키려는 가장 진실한 리더십의 표현입니다.

3.
정답을 강요하지 말고
함께 해답을 찾아라

청출어람의 길

영화 〈승부〉는 '바둑의 신' 조훈현과 그의 제자이자 '바둑 천재' 이창호의 이야기를 그려낸 작품입니다. 영화에서 조훈현은 복기 과정에서 의견 충돌이 있자, 제자에게 자신의 해석 방식을 강요했습니다. 그러나 자신의 스타일을 고수하고자 했던 이창호는 조훈현과의 관계에서 불편함을 느끼고 스승의 품을 벗어나고자 했습니다. 스승 조훈현은 이창호의 반발에 화를 냈지만, 곧 그 상황을 곱씹으며 생각을 바꿨습니다.

"어쩌면 이놈은 다른 걸 보고 있는 건지도 모르겠다!"

리더와 팔로워는 각자의 가치관과 생각이 다를 수 있습니다. 이럴 경우 일반적으로는 상급자이자 더 많은 성공 경험을 갖고 있는 리더의 생각대로 문제 해결의 방향을 결정하는 경우가 많습니다. 그러나 이런 결정은 팔로워가 자신만의 방법을 찾기보다 리더의 방식을 답습하게 되어, 문제 해결 역량을 기를 기회를 제한하기도 합니다. 영화 〈승부〉의 조훈현도 이 사건을 계기로 더 이상 자신의 뜻을 고집하기보다 제자의 '다름'을 인정했습니다.

그는 제자가 자신의 방식을 따르기보다, 스스로의 길로 더 강한 챔피언이 되기를 바랐습니다. 자신이 전수한 기술이 이창호의 손에서 새롭게 변형, 해석되더라도 그 가치를 폄하하지 않았고, 오히려 "내 수를 넘어서는 수"를 만들어내는 것을 기꺼이 응원했습니다. 이는 리더가 팔로워에게 줄 수 있는 최고의 지지이자 신뢰의 표현이었습니다.

이 사례는 리더가 팔로워의 성장을 돕는 과정에서 반드시 기억해야 할 중요한 통찰을 던져줍니다. 리더는 팔로워가 스스로 해답을 만들어가도록 기다릴 수 있어야 하며, 과거의 성공 방식을 고집하기보다 새로운 방식의 가능성을 인정하고 지지하는 태도가 필요합니다.

리더는 팔로워들이 나아갈 방향을 제시하고, 각자가 그 길을 스스로 걸어갈 수 있도록 조력하는 사람입니다. 첫걸음을 떼는 신입사원부터 성과를 내기 시작한 중간 계층, 그리고 차세대 리더 후보까지, 리더는 함께하는 팔로워들이 성숙해질 수 있도록 끊임없이 지원해야 합니다.

다름은 가능성의 또 다른 표현

하지만 우리는 종종 리더가 팔로워를 코칭하는 과정에서, 업무 수행 방식을 자신의 스타일과 동일하게 따르기를 기대하거나, 무의식적으로 그렇게 유도하는 경우가 많습니다. 지금까지 자신이 축적해 온 방식이 최선이라고 믿는 것은 자연스러운 일이지만, 그 방식이 모든 구성원과 상황에 통용되는 절대적 정답은 아닙니다.

리더의 성공은 개인 역량과 성향, 시대적 조건이 맞물린 결과입니다. 그렇기에 그 방식의 반복이 반드시 또 다른 성공을 보장하지는 않습니다. 오히려 리더가 반복을 통해 재현하려는 의도가, 팔로워에게는 일방적 강요로 비칠 위험도 있습니다.

리더는 구성원들에게 명확한 비전을 제시하되, 그들이 시행착오를 겪으며 자신만의 방식으로 문제를 풀어갈 수 있도록 기다려줄 줄 알아야 합니다. 과거의 방식은 좋은 힌트가 될 수 있지만, 그것만을 유일한 답으로 여기는 순간 리더십은 경직되고, 팔로워의 자율성과 창의력은 위축됩니다.

진정한 리더는 자신의 답만을 고집하지 않습니다. 지금의 상황에 가장 적합한 해결책이 무엇인지를 열린 시선으로 바라보고, 그 해법이 자신과 다르더라도 기꺼이 수용할 수 있어야 합니다. 리더십은 하나의 정답을 따르는 기술이 아니라, 각자의 성향과 환경 속에서 끊임없이 재해석과 실천되어야 하는 창의적인 문제 해결 과정이기 때문입니다.

덩샤오핑이 말한 '흑묘백묘(검은 고양이든 흰 고양이든 쥐만 잘 잡으면 된다)'는 리더십에도 그대로 적용될 수 있습니다. 중요한 것은 자신의 방식을 고집하는 것이 아니라, 팔로워가 스스로 문제를 해결하고 성과를 만들어낼 수 있도록 돕는 일입니다. 리더는 자신의 손으로 정답을 써주는 사람이 아니라, 각자가 자신만의 답을 찾을 수 있도록 방향을 제시하고 그 길을 함께 걸어가는 동반자여야 합니다.

리더는 상황에 맞는 유연성을 가져야 합니다. 급변하는 환경과 다양한 팔로워들의 특성을 고려할 때, 고정된 방식만으로는 효과적인 리더십을 구현하기 어렵습니다. **유연한 리더는 다양한 관점을 수용하고, 구성원의 자율성과 창의성을 존중하며 변화에 능동적으로 대응합니다.** 이러한 유연성은 조직의 지속적인 성장과 혁신을 이끄는 핵심 요소이며, 오늘날 리더십이 반드시 갖추어야 할 역량 중 하나입니다.

4.

간결한 준비로
성과를 극대화하라

오타니의 테이크 백

테이크 백(Take back)은 야구나 테니스와 같은 타구 스포츠에서, 공을 치기 직전 힘을 모으고 타이밍을 조율하는 준비 동작을 의미합니다. 선수들이 오랜 시간 다듬는 이 동작은 스윙의 질과 결과를 좌우하며, 경기력 전반에 직결되는 핵심 과정입니다.

한때는 테이크 백을 크게 가져가야 더 강한 타구가 나온다는 인식이 지배적이었습니다. 메이저리그의 전설적인 타자 켄 그리피 주니어는 넓게 펼쳐지는 테이크 백과 함께 아름다운 홈런 타구를 날리며 팬들의 열렬한 지지를 받았습니다. 하지만 현대 스포츠는 점점 더 빠르고 복잡해지고 있습니다. 이제는 길고 복잡한 준비보다는 짧고 간결한 테이크 백이 더 높은 성과를 만들어내는 시대가 되었습니다.

현대 야구를 대표하는 오타니 쇼헤이는 간결한 테이크 백의 효율성을 가장 잘 보여주는 인물입니다. 그는 타자로서도, 투수로서도 최소한의 준비 동작만으로도 폭발적인 결과를 만들어냅니다. 배트의 움직임은 크지 않지만, 임팩트 순간 힘을 응축해 빠르고 정확한 타구를 만들어냅니다. 이처럼 간결함은 단순함이 아닌, 정밀하고 전략적인 실행의 결과입니다. 테니스의 라파엘 나달 또한 마찬가지입니다. 서브 리턴 시 복잡한 백스윙 없이 짧은 준비 동작으로 다양한 구질에 대응하며, 경기의 흐름을 자신에게 유리하게 끌고 옵니다. 나달의 리턴에는 화려한 동작은 없지만, 집중력과 민첩함이 응축되어 있습니다.

이 원리는 스포츠를 넘어 우리가 일하는 조직 안에서도 똑같이 적용됩니다. 하나의 프로젝트를 기획하고 전략을 수립하는 과정은 조직의 '테이크 백'이고, 시장과 고객 앞에서 성과를 내는 순간은 '타격'에 해당합니다. 많은 조직에서 이 준비 단계에 방대한 시간과 자원을 투입합니다. 보고서 작성과 회의, 승인 절차에 매달리느라 정작 실행은 늦춰지곤 합니다.

물론 준비는 필요합니다. 꼼꼼한 검토는 리스크를 줄이고 방향을 명확히 하며, 완성도를 높입니다. 하지만 그 준비가 너무 길어지고 무겁게 변할 때, 오히려 실행의 타이밍을 놓치게 됩니다. 준비는 실행을 위한 것이지, 실행을 늦추기 위한 것이 아닙니다.

내부 검토 단계는 업무를 치밀하게 준비한다는 장점이 있지만, 지나치게 많은 시간을 소모해 정작 가치를 창출해야 할 순간에 에너지를 쓰지 못하는 경우도 있습니다. 그리고 때로는 꼼꼼한 사전 검토가 완성도를 높이기 위한 것이 아니라, 부정적인 결과가 생겼을 때 책임을 피하려는 '면피 수단'으로 활용되는 모습도 조직에서 흔히 목격할 수 있습니다. '우리는 충분히 논의했고, 모든 절차를 거쳤다'는 명분을 위해 실행을 늦추는 태도는 리더십의 본질을 훼손합니다.

준비는 간결하게 실행은 강력하게

때로는 실행 자체보다 실행 이후의 결과에 대한 두려움이 더 큰 장벽으로 작용합니다. 결과가 나쁠 때 책임 소재와 조직 내 입지에 대한 불안이, 조직 전체를 소극적으로 만듭니다. 결국 아무도 결정을 내리지 않고, 누구도 실행의 주체가 되려 하지 않습니다.

그 결과는 정체와 무기력, 그리고 기회 상실입니다.

이런 한계를 극복하고자 애자일(Agile) 방식의 접근이 주목받고 있습니다. 예를 들어 글로벌 기업 넷플릭스(Netflix)는 콘텐츠 개발이나 사용자 기능 개선 시, 복잡한 기획서보다는 빠른 실험과 피드백을 우선합니다. 실제 고객의 반응을 신속하게 수집해 전략을 유연하게 수정하고, 완벽함보다는 속도와 학습을 우선순위에 둡니다. 빠른 실행은 단순히 일을 서두른다는 것이 아니라, 변화에 대응하고 경쟁에서 살아남기 위한 전략적 실행 철학입니다.

이제 우리 조직도 '짧고 간결한 테이크 백'을 갖춰야 합니다. 회의는 명확한 목적과 실행 가능한 결론을 도출할 수 있는 방향으로 진행되어야 하며, 보고서는 불필요한 내용과 과도한 분량을 줄이고 핵심 위주로 정리해야 합니다. 중요한 것은 계획의 완벽함보다 실행을 통해 얻는 학습과 개선의 선순환 구조입니다. 실패했다면 빨리 실패하고, 빨리 수정할 수 있어야 진짜 실행력을 갖춘 조직입니다.

실행력은 조직을 움직이고 성과를 만들어내는 가장 핵심적인 동력입니다. 아이디어나 계획이 아무리 뛰어나도 실행되지 않으면

의미가 없습니다. 빠른 실행은 경쟁력을 높이고, 변화에 유연하게 대응할 수 있게 합니다. 실행 과정에서 생긴 문제를 신속히 파악하고 해결하는 능력은 곧 문제 해결력입니다. 또한, 실행력을 통해 조직 내 동기 부여와 자신감을 키울 수 있으며, 실패를 빠르게 경험하고 개선함으로써 지속적인 학습과 성장을 가능하게 합니다. 결국, 실행력은 계획을 실제 성과로 전환시키고 목표를 달성하는 열쇠입니다.

리더는 조직이 기민하게 움직일 수 있도록 절차를 간소화하고, 방향성을 명확히 하며, 실행을 주저하지 않는 분위기를 만들어야 합니다. **두려워해야 할 것은 실패가 아니라, 실행 없는 조직이라는 공감대를 형성하는 것이 중요합니다.** 조직은 '누가 잘못했는가'를 따지기보다 '어떻게 다음엔 더 잘할 수 있는가'를 묻는 문화로 나아가야 합니다.

크고 화려한 준비는 리더에게 안도감을 줄 뿐, 성과로 이어지지 못합니다. 반면에 간결한 준비는 조직 전체의 에너지를 모으고, 강한 실행으로 이어지는 실질적 가치를 만들어냅니다. '준비는 간결하게, 실행은 강력하게'라는 원칙은 지금 시대의 리더가 반드시 기억해야 할 핵심 사항입니다.

오타니의 스윙, 나달의 리턴, 넷플릭스의 실행 방식은 모두 같은 교훈을 줍니다.

"준비는 간결하게, 실행은 강력하게."

이 단순한 원칙이 리더의 관점과 조직의 방향을 바꾸는 가장 강력한 전략이 될 수 있을 것입니다.

5.

작전 타임을
전략적으로 활용하라

작전 타임, 흐름을 바꾸는 순간 ─────

스포츠 경기에서 작전 타임은 다양한 용도로 활용됩니다. 작전 타임은 전술 변경, 상대방의 흐름 차단, 선수들의 체력 안배, 심리적 안정 등 팀 승리를 위한 전략적 도구입니다. 종목별 특성에 따라 작전 타임의 활용 방식은 다르지만, 모든 작전 타임은 팀 승리를 위한 전략적 도구라는 공통된 목표를 갖습니다.

농구와 배구 같은 종목에서는 작전 타임이 더욱 눈에 띄게 사용됩니다. 감독이나 코치가 선수들에게 새로운 전술을 지시하거나 상대 팀의 상승세를 끊는 목적으로 작전 타임을 부르는 장면을 흔히 볼 수 있습니다. 작전 타임 동안 감독의 지시 장면이 중계 화면에 담기며, 시청자들에게 또 다른 관심과 흥미를 줍니다. 작전 타임

이후, 경기의 흐름이 바뀌고 마침내 승리로 이어지는 장면이 자주 연출되기 때문에 이는 매우 중요합니다. 따라서 작전 타임은 단순한 휴식 시간이 아니라, 승리를 쟁취하기 위한 핵심 전략 요소입니다.

스포츠 지도자들은 작전 타임을 활용하는 방법이 다양합니다. 과거에는 작전 타임이 감독이 선수들에게 소리를 지르며 질책하는 시간이었습니다. 선수들이 감독의 호통 앞에 고개를 숙이는 모습이 익숙한 장면이었습니다. 하지만 현대 스포츠에서는 작전 타임이 휴식이나 질책의 시간이 아닌, 전략적 의사 결정을 하는 시간으로 변화하고 있습니다. 이 변화에 따라 다양한 지도자들이 각자의 전략적 접근 방식과 팀에 대한 이해를 바탕으로 작전 타임을 활용합니다.

대한민국 프로 농구의 유재학 감독은 작전 타임을 가장 잘 활용하는 지도자 중 하나로 꼽힙니다. KBL(한국 프로농구 연맹)에서 가장 전술적인 감독으로 평가받는 그는 '만수'라는 별명을 갖고 있는데, 이는 그가 만 가지 전략을 갖추고 있다는 의미입니다. 유재학 감독은 상대방 전술을 철저히 분석해 작전 타임에 구체적 대응 방안을 빠르게 전달합니다. 그의 작전 타임은 감정적인 질책이 아닌 냉정한 분석과 명확한 지시로 채워집니다. 그 결과 그는 작전 타임을 통해 경기 흐름을 바꾸는 뛰어난 용병술을 발휘하며 많은 승리를 이끌어냈습니다. 이는 감정적 질책에 머물던 전통적 작전 타임과 달리, 팬과 전문가들에게 깊은 인상을 남겼습니다.

반면 축구와 같은 종목은 경기 중 작전 타임이 없지만, 하프 타임을 통해 전략을 수정합니다. 베트남 축구의 전설로 불리는 박항서 감독은 하프 타임을 통해 탁월한 리더십을 보여준 사례로 유명합니다. 박항서 감독은 베트남 축구를 약팀에서 강팀으로 탈바꿈시키면서 2018년 AFC U-23 챔피언십 준우승, 아시안 게임 4강, 스즈키 컵 우승 등 큰 성과를 거두었습니다. 그의 하프 타임 활용법은 전술적 지시보다는 선수들의 심리적 안정과 자신감을 고취시키는 데 초점이 맞춰졌습니다. 박 감독은 선수들에게 "우리는 할 수 있다!", "우리는 하나다! 서로 믿고 싸워라!"라며 심리적 부담을 덜고 자신감을 북돋웠습니다. 이 사례는 하프 타임이 작전 타임 역할을 할 수 있음을 보여주며, 전술만큼 신뢰 관리도 중요하다는 사실을 일깨웁니다.

독특한 사례로는 대한민국 농구의 안준호 감독을 꼽을 수 있습니다. 안준호 감독은 국가 대표팀과 삼성 썬더스 감독 시절, 작전 타임에 선수들에게 특별한 지시 없이, 선수들 스스로 문제 해결 방안을 논의하도록 하는 방식을 사용했습니다. 그는 팀의 주장이자 야전사령관 역할을 하던 이상민 선수에게 경기 운영의 전권을 넘기고, 작전 타임 동안 선수들이 자율적으로 토론하며 다음 플레이를 결정하게 했습니다. 팬들은 이를 '토론 농구'라 불렀으며, 그의 방식은 당시 스포츠계에 큰 반향을 불러왔습니다. 그는 작전 타임을 '지시의 시간'이 아닌, '선수 주체적 참여의 시간'으로 재정의했습니다.

미래를 설계하는 시간

스포츠 경기에서 작전 타임의 활용은 승리라는 목표를 향한 과정입니다. 작전 타임을 어떤 방식으로 사용하든, 목적은 더 나은 결과를 만들기 위함이며, 그 끝에는 승리가 자리 잡고 있습니다. 이는 기업에서 진행하는 회의와 매우 닮아 있습니다. 기업도 회의를 통해 현재 상황을 점검하고 미래 전략을 수립하며, 구성원들의 뜻을 모으는 시간을 모읍니다. 좋은 회의는 문제점을 빠르게 진단하고 개선 방안을 모색하는 데 집중합니다.

하지만 여전히 많은 기업에서 회의 문화가 개선되어야 할 부분이 존재합니다. 대표적 문제는 과거 잘못을 따지고 책임 소재를 묻는 데 지나치게 시간을 소비한다는 점입니다. **원인 규명보다 중요한 것은 앞으로의 개선 방안을 찾는 일입니다.** 과거의 실수나 실패는 되돌릴 수 없지만, 그로부터 교훈을 얻어 더 나은 미래를 만드는 것이 진정한 회의의 목적이어야 합니다.

미국의 저명한 작가이자 연설가인 데니스 웨이틀리는 말했습니다. "실패자는 과거에 머물고, 승자는 과거에서 배우며 현재에 충실하면서 미래를 향해 나아간다." 이 말처럼, 실패는 반면교사로 삼고, 분석은 미래 준비로 이어져야 합니다. **과거를 분석하되, 미래를 준비하는 긍정적 리더십이 필요합니다.** 작전 타임이 경기의 전환점이 되듯, 기업의 회의도 미래로 나아가기 위한 생산적, 전략적 시간이 되어야 합니다.

6.

자원을 최적화하여 언더독의 반란을 설계하라

진흙탕에서 피어난 기적 ────

우리는 다윗이 골리앗을 이기는 장면에 열광합니다. 강자가 이기는 이야기는 뻔해 감동이 덜합니다. 그래서 사람들은 언제나 새로운 반전의 스토리, 언더독의 반란을 기대합니다.

'언더독(Underdog)'은 19세기 영국 개싸움(Dog fight)에서 유래된 표현으로 위에 올라선 개(Overdog)는 우세한 쪽을, 아래에 깔린 개(Underdog)는 밀리는 쪽을 의미했습니다. 여기서 유래한 언더독의 반란은, 일반적으로 승리가 어려울 것으로 여겨졌던 약자가 승부를 뒤집고 감동적인 반전을 만들어내는 현상을 뜻합니다. 그래서 사람들은 언제나 언더독의 반란에 열광하며, 그 이야기를 통해 새로운 가능성과 희망을 발견하곤 합니다.

스포츠 경기에서도 다양한 내용으로 언더독의 반란이 일어납니다. 저에게 가장 신선한 충격으로 다가왔던 사건은 2004년 유럽 축구 선수권 대회에서 그리스가 우승을 차지한 사건이었습니다. 당시 그리스 대표팀은 스타 선수도 없었고, 객관적인 전력 역시 유럽 중하위권으로 평가받았습니다. 대회를 앞두고 공개된 여러 베팅 사이트의 우승 배당률에서도 그리스는 최하위권에 속해 있었고, 이들을 주목한 전문가나 팬은 거의 없었습니다.

당시 그리스 대표팀의 지휘봉을 잡은 이는 유럽 무대에서 오랜 경험을 가진 독일 출신 감독 오토 레하겔이었습니다. 그는 그리스 축구의 한계를 누구보다 냉철하게 분석했고, "우리는 아름답게 이길 수 없다"라는 판단 아래 팀의 전략과 전술을 설계했습니다. 그는 "나는 예술을 만들러 온 것이 아니다. 결과가 전부다"라며 분명한 각오를 드러냈습니다.

레하겔 감독은 매 경기를 결승전처럼 준비했습니다. 그리스가 상대해야 했던 포르투갈, 스페인, 러시아, 프랑스, 체코 등은 유럽 빅리그의 스타플레이어들이 포진한, 대회 우승 후보로 평가받던 강팀들이었습니다. 특히 조별리그 1차전과 결승전에서 두 차례 마주한 포르투갈은 대회의 개최국이자, 세계 최고 수준의 윙어였던 호날두와 피구를 앞세운 최강 전력을 갖춘 팀이었습니다.

이러한 전력 차이를 극복하기 위해 레하겔 감독이 선택한 전략은 '철저한 실리적 수비 축구'였습니다. 선수 개개인의 기량이 부족하다는 현실을 인정한 그는 수비를 전술의 중심축으로 삼고, 전원이 수비에 가담하는 조직적인 축구를 추구했습니다. 수비를 기반으로 한 안정적인 경기 운영은 그리스 대표팀의 가장 강력한 무기가 되었습니다.

또한 그리스 선수들의 개인 능력으로는 득점 기회를 만들어내기 어렵다는 판단 아래, 드리블이나 화려한 패스 플레이보다는 세트 피스(코너킥, 프리킥) 상황에서 골을 노리는 실리적인 전략을 세웠습니다. 장신 공격수를 전방에 두고, 그를 중심으로 한 세밀한 세트 피스를 반복 훈련했습니다. 결승전에서 하리스테아스가 기록한 헤더 결승골은 이처럼 치밀하게 준비된 세트 피스 전술이 빚어낸 결정적 장면이었습니다.

레하겔 감독은 모든 선수에게 명확한 역할을 부여했고, 불필요한 위치 이탈이나 즉흥적인 플레이를 철저히 지양하도록 지도했습니다. 팀의 전술적 움직임은 모두 사전에 계획된 시나리오에 따라 실행되었고, 이를 위해 선수들은 고강도의 전술 훈련을 견뎌야 했습니다. 경기마다 상대의 특성에 맞춰 전략을 조정한 점도 주목할 만합니다. 예를 들어, 프랑스에는 공중볼 봉쇄, 체코에는 빠른 측면 압박, 포르투갈에는 중원 견제를 중심으로 한 맞춤형 전략을 펼치며 흔들림 없이 대응했습니다.

그 결과 그리스는 조별 리그에서 스페인과 무승부, 러시아에 패배했지만 나머지 모든 경기에서 자신들의 전략대로 경기를 운영하며 승리를 거두었습니다. 총 6경기에서 단 4 실점만을 허용한 짠물 수비는 그들의 전술이 얼마나 정교했는지를 보여주는 증거였습니다. 아무도 예상하지 못했던 '언더독의 반란'은 그렇게 현실이 되었습니다.

레하겔 감독은 유럽의 강호들과 비교해 약체로 분류되던 그리스 대표팀을 맡으며 "아름답지는 않지만, 진흙탕 싸움을 통해서라도 승리하겠다"라는 분명한 방향과 철학을 세웠습니다. 그의 축구는 화려하지 않았고, 때로는 지루해 보이기도 했습니다. 그러나 그는 우승을 위한 유일한 해답은 수비 중심의 실리 축구라고 판단했고, 그 현실을 외면하지 않았습니다. 그는 복잡한 전술 대신 조직력과 수비 안정성에 기반한 역습으로 자원을 극대화했습니다.

무엇보다 이 모든 전략의 기반에는 팀과 구성원 간의 깊은 신뢰와 단결이 있었습니다. 선수들은 감독의 전략을 의심하지 않았고, 감독은 선수들을 철저히 준비시켰습니다. 당시 팀의 주장 자고라키스는 대회 후 인터뷰에서 "감독이 말한 대로만 했다. 그것이 승리할 수 있는 유일한 길이었다."라고 말하며, 팀 내의 신뢰와 헌신을 증명했습니다.

리더는 누구나 뛰어난 인재와 풍부한 자원 속에서 일하길 바랍니다. 그러나 현실은 그런 호사를 쉽게 허락하지 않습니다. 자원이 부족하고 환경이 어려워도 리더가 좌절하거나 불평에 머문다면, 그 결과는 누구나 예측할 수 있는 평범한 수준에 그칠 수밖에 없습니다.

부족함 속에서 길을 찾다

오토 레하겔 감독은 그와는 다른 길을 선택했습니다. 그는 현재의 조건을 한탄하지 않고, 오히려 냉정하게 직시하며 그 안에서 실현 가능한 전략을 설계했습니다. 선수단의 한계를 인정하되, 그 안에서 할 수 있는 것을 극대화한 실리 중심의 운영, 조직력을 기반으로 한 수비 전술, 그리고 구성원 간의 신뢰를 바탕으로 완성된 언더독의 반란은 리더십의 본질을 보여주는 상징적인 사례였습니다.

"조직의 목적은 평범한 이들로 하여금 비범한 일을 하도록 만드는 데 있다." (피터 드러커, 『프로페셔널의 조건』)

리더는 이상적인 그림을 꿈꾸되, 현실 위에 전략을 세우고 자원을 최적화할 수 있어야 합니다. 그것이야말로 부족함 속에서도 성과를 창출하는 유일한 길이자, 진정한 리더십의 힘입니다.

어려움이 있기에 리더의 역할이 존재합니다. 현실이 어렵다고 외면하거나 물러서면, 조직은 방향을 잃고 흔들립니다. 위기를 정면으로 마주하고 끝까지 해법을 모색하는 사람만이 진정한 리더로 인정받습니다.

리더가 포기하는 순간, 팀은 더 이상 앞으로 나아갈 수 없습니다. 어려운 상황 속에서도 팀이 유일하게 승리할 수 있는 방법은, 지금 가진 자원을 최적으로 활용하려는 리더의 의지와 전략을 통해 새로운 길을 여는 것입니다. 현실을 냉정하게 바라보되, 절대 포기하지 마십시오. 진정한 리더는 부족함 속에서 가능성을 찾아내는 사람입니다.

7.

과감하게 결정하라

초보 감독의 과감한 선택

'돌직구를 던지는 사나이!'

오승환의 별명은 그의 강력한 투구 스타일을 상징합니다. 마치 돌을 던지는 듯한 묵직한 직구는 팬들에게 강렬한 인상을 남겼고, 그는 한미일 리그를 섭렵하며 통산 500세이브를 넘은 살아 있는 전설이 되었습니다. 그러나 2024년 한국 시리즈 무대에서 그의 모습을 볼 수 없게 되었습니다. 박진만 감독이 그를 한국 시리즈 명단에서 제외했기 때문입니다. 이미 플레이오프에서도 명단에 들지 못했던 그는 삼성의 9년 만의 우승 도전에 함께하지 못하게 되었습니다. 야구팬들 사이에서는 충격과 아쉬움이 동시에 번졌습니다. 그가 삼성에서 5차례나 우승을 이끌었고, 위기의 순간마다 팀을 구해낸 상징적인 존재였기 때문입니다.

특히 추신수와 김강민 같은 82년생 동기들이 은퇴를 선언하면서, 오승환만이 마지막 남은 '레전드'였기에, 레전드로서의 마무리를 장식하기를 팬들은 바랐습니다. 그러나 현실은 냉정했습니다. 시즌 내내 컨디션 난조를 보였던 오승환은 구위 회복에 실패했고, 결국 박진만 감독은 과감한 결단을 내리게 됩니다.

박진만 감독에게 오승환은 단지 한 명의 선수가 아니었습니다. 그와 함께 선수 시절 두 차례 우승을 경험했고, 누구보다 오승환이 어떤 존재인지 잘 아는 동료이기도 했습니다. 은퇴를 앞둔 동료에게 마지막을 함께 빛내 주고 싶은 인간적인 마음이 없었을 리 없습니다. 그러나 그는 개인의 명예보다 팀의 현재와 미래를 우선으로 두었습니다.

플레이오프에서 주축 선수인 구자욱의 부상으로 수비에 제약이 생기면서, 박진만 감독은 엔트리 전체의 체력과 컨디션을 고려해 더욱 신중한 선택을 해야 했습니다. '레전드의 마지막 무대'를 위한 감정적 선택 대신, 그는 '우승'이라는 분명한 목표 아래 가장 준비된 30인을 선택했습니다. 이는 단순한 기술적 판단을 넘어 리더의 철학과 소신이 드러난 결정이었습니다.

많은 이들은 여전히 "그래도 한국 시리즈니까, 오승환은 돌아오지 않을까?"라는 기대를 품고 있었습니다. 하지만 박진만 감독은 그 기대를 거절했습니다. 그는 오승환의 상징성과 과거의 영광이 아닌, 현재 팀에 필요한 실질적 전력을 우선시했습니다. 이와 같은 결단은 팬들에게는 아쉬움을 안겼지만, 팀 구성원들에게는 강한 메시지를 전달했습니다. 팀의 목표를 위해 누구든 예외는 없다는 메시지입니다.

박진만 감독의 리더십은 첫 한국 시리즈를 치르는 감독답지 않게 단호하고 명확했습니다. 12년간의 코치 경험을 통해 체득한 현장 감각과 자신만의 리더십 철학이 있었기에 가능한 선택이었습니다. 만약 그가 레전드 선수에 대한 예우를 우선시했다면, 오승환은 30인 명단 중 한 자리는 쉽게 채울 수 있었을 것입니다. 하지만 그는 그 한 자리가 팀 전체에 미칠 파장을 고려했고, 감정보다 목표와 성과를 앞세웠습니다.

이러한 결정은 단지 한 명의 제외로 끝나는 것이 아닙니다. 이는 선수단 전체에 공정성과 긴장감을 주고, 구성원 각자가 최선을 다해야만 선택 받을 수 있다는 기준을 명확히 한 메시지였습니다. 실제로도 팀 내 분위기는 끊임없는 경쟁과 집중력으로 가득 차 있었고, 이는 곧 경기력으로 이어졌습니다.

목표 지향의 결단 ─────

박진만 감독의 리더십은 선수뿐 아니라 코칭스태프와 프런트 직원들에게도 전파됩니다. 리더의 결정은 단지 성적을 넘어선 신호로 작용합니다. 이것은 곧 조직 문화로 자리 잡으며, 구성원들이 스스로 기준을 높이고 자발적으로 몰입하게 만드는 자극제가 됩니다. 단순히 오승환의 엔트리 제외를 넘어, 팀 전체가 함께 '지금 이 순간 최선의 결과를 위해 무엇을 할 것인가'를 자문하는 계기가 되었습니다.

또한 박진만 감독의 결정은 모든 구성원에게 책임과 자율을 동시에 요구합니다. 누구든 컨디션이 떨어지면 대체될 수 있다는 메시지는 냉정해 보일 수 있으나, 장기적으로는 선수 개개인의 컨디션을 스스로 관리하도록 자극하고, 팀 전체의 퍼포먼스를 균형 있게 끌어올립니다. 이는 리더가 존중을 전제로 하되, 감정이 아닌 원칙에 따라 결정을 내리는 성숙한 방식입니다.

감독에게 오승환을 제외하는 것은 단순히 기량의 문제가 아니라, 상징을 내려놓는 선택이었습니다. 이 결정을 통해 박진만 감독은 '팀이란 무엇인가', '우승이란 무엇을 희생해서라도 이루어야 하는가'에 대한 진지한 물음을 던졌고, 그것은 모든 구성원에게 깊은 울림을 주었습니다.

2024년 한국 시리즈는 결국 삼성 라이온즈의 준우승으로 끝났습니다. 결과를 떠나서, 박진만 감독은 이미 자신의 리더십을 명확히 보여주었습니다. 그는 팀 전체의 전력을 최우선으로 두고, 누구에게도 예외 없는 원칙을 실천했습니다. 그리고 그것은 리더로서의 책임을 다하는 가장 정직한 방식이었습니다. **리더는 때로는 감정을 넘어서야 하며, 과거가 아닌 현재를 보고 결단할 수 있어야 합니다.** 박진만 감독의 선택은 바로 그런 리더십의 표본이었습니다. 앞으로 그가 보여줄 더 깊은 리더십을 기대해봅니다.

TIME OUT

5장

성장

리더는 어떻게 지치지 않고 성장하는가?

"내가 먼저 성장하지 않으면,
팀은 절대 성장하지 않는다."

– 피트 캐럴(Pete Carroll), 미국 미식축구 감독

TIME OUT!
Checklist

5장은 리더십의 지속 가능성을 다룹니다. 리더가 멈추면 조직도 멈춥니다. 끊임없이 배우고 돌아보며 자신을 단련하는 리더만이 긴 여정을 버티고 조직을 미래로 이끌 수 있습니다.

Key Points

1. 완성되었다는 착각에서 벗어나라.
2. 워크에식(Work Ethic)이 리더의 기준을 세운다.
3. 루틴을 지키는 힘이 성장을 만든다.
4. 복기(復棋)는 복리(複利)다. 끊임없는 자기 성찰이 성장과 개선을 가져다 준다.
5. 흥분을 다스리는 것이 승리를 지킨다.
6. 리더에게 고독은 숙명이다.
7. 신뢰할 수 있는 멘토가 성장의 동반자가 된다.

Focus Question

나는 리더로서 지금도 성장하고 있는가, 아니면 멈춰 있는가?

1.
완성되었다는 착각에서 벗어나라

공부하는 지도자

요한 크루이프는 선수 시절 유럽 축구의 전설로 자리매김한 인물이었습니다. 그는 아약스와 FC 바르셀로나에서 활약하며 1971~1973년 세 차례 연속 유러피언 컵(현 UEFA 챔피언스 리그)을 제패했고, 1974년에는 네덜란드 대표팀의 중심 선수로 월드컵 준우승을 이끌었습니다. 그의 창의적인 플레이와 경기 지능은 '토털 풋볼'을 상징하는 아이콘으로 자리 잡았으며, 발롱도르를 세 차례(1971, 1973, 1974) 수상하며 세계 최고의 선수로 인정받았습니다.

그러나 그의 진정한 위대함은 은퇴 이후 감독으로서 보여준 행보에서 드러났습니다. 뛰어난 축구 지능을 갖췄지만, 그는 선수 시절의 명성에 안주하지 않았습니다. 오히려 그는 지도자가 된 이후

더 많은 시간을 학습과 탐구에 쏟았습니다. 바르셀로나 감독으로 부임한 그는 경기를 지휘하는 것을 넘어, 팀 철학과 전술의 근간을 다시 설계하고자 했습니다.

크루이프는 스스로를 끊임없이 의심하고, 타 스포츠에서 전술적 영감을 얻는 등 자기 계발에 전념했습니다. 그는 농구와 핸드볼 경기에서 공간 활용과 움직임을 분석하며 축구에 접목할 아이디어를 탐색했습니다. 그의 철학은 승리를 넘어서 팀이 어떻게 성장하고 지속가능한 시스템을 갖출 수 있는가에 초점이 맞춰져 있었습니다.

그는 자서전 『My Turn(나의 차례)』에서 이렇게 말했습니다. "지도자는 절대 스스로 완성되었다고 생각해서는 안 된다. 팀은 끊임없이 변하고, 나도 그에 맞춰 계속해서 배워야 한다." 이 철학은 그를 단순한 명장이 아닌 사상가형 리더로 만들었습니다. 그는 리더의 자리를 언제나 배움과 성찰의 과정으로 두었습니다.

크루이프는 더 나은 지도자가 되기 위해 구체적인 실천을 멈추지 않았습니다. 그는 바르셀로나 감독 시절, 단기적인 전술 운영에만 머무르지 않고, 전 구단 차원의 시스템을 설계했습니다. 유소년 아카데미 '라 마시아'를 개혁해 1군과 동일한 전술 철학과 운영 방식을 유소년 팀에도 적용했습니다. 그 결과, 메시, 이니에스타, 사비와 같은 스타플레이어들이 자신의 전술을 완성하는 주축으로 성장했습니다. 이는 단지 전술적 일관성 확보를 넘어, 리더가 후배 양성을 어떻게 바라보아야 하는지를 보여주는 사례입니다.

또한 크루이프는 선수 개인의 자율성과 창의성을 존중하는 철학을 실천에 옮겼습니다. 그는 훈련과 실전에서 선수들이 스스로 판단하고 움직이는 것을 장려했고, 감독의 명령을 그대로 수행하기보다는 경기 상황을 읽고 능동적으로 대처하도록 이끌었습니다. 팀을 '지시'가 아닌 '생각하는 집단'으로 변화시킨 리더의 태도를 보여줍니다. 이처럼 **크루이프는 리더십을 고정된 위치가 아닌, 지속적인 실천과 개선을 통해 완성해 나가야 할 과정으로 여겼습니다.**

리더십의 새로운 출발선

저는 기업에서 인재 개발 업무를 담당하고 있습니다. 제가 일한 18년 동안 경영 환경은 끊임없이 변했고, 경영 환경의 변화에 따라 조직과 구성원들의 생각과 가치관도 변했습니다. 그럴 때마다 지금 우리 조직과 구성원에게 가장 요구되는 교육이 무엇인가를 찾아내고 제공하는 것이 저의 역할이었습니다.

수많은 고민과 경험을 통해 저는 결국 우리 조직에게 가장 필요한 것은 '끊임없이 리더십을 개선하고 발전시키는 것'이라고 생각하게 되었습니다. 조직이 아무리 뛰어난 자원을 갖추고 있어도, 그것을 조직의 성과로 연결하고 지속적으로 발전시킬 수 있는 것은 결국 리더십이라는 결론을 얻게 되었습니다.

그러나 교육 현장에서 만난 리더들의 반응은 제각각이었습니다. 어떤 이들은 자발적으로 참여하며 변화의 필요성을 느끼지만, 반면에 어떤 리더들은 "내가 강의를 해도 시원치 않을 판에 교육을 들으라니"라는 반응을 보이기도 합니다. 이 말은 리더십에 대한 오해와 착각이 얼마나 깊은지를 보여줍니다. 실무 능력이 뛰어났다고 해서 리더십까지 탁월한 것은 아닙니다. 요한 크루이프가 말했듯이 리더십은 고정된 것이 아니며, 지속적인 실천과 개선을 통해 완성해 나가야 하는 과정이기 때문입니다. 실무는 혼자 잘하면 되는 영역이지만, **리더는 조직과 사람을 이끄는 자리입니다. 완전히 다른 능력이 필요합니다.**

리더로 승진한 순간은, 실무에서 15년을 보냈더라도 다시 '1년 차 신입'

이 되는 것과 같습니다. 그러나 많은 리더들이 '실무 15년 + 리더 1년 = 리더 경력 16년 차'라고 착각합니다. 이 착각은 스스로를 돌아보고 학습해야 할 기회를 차단합니다. 그 결과, 리더는 성장을 멈추고, 조직은 중심을 잃으며, 구성원들은 갈피를 잡지 못하게 됩니다.

리더가 되었다면, 그 순간이 바로 새로운 출발선입니다. 기존의 실무 경험이 리더십을 보장해주지 않습니다. 오히려 지금부터 더 배우고, 더 실패하며, 더 많이 자신을 돌아봐야 합니다. 요한 크루이프는 리더가 된 이후에도 다시 처음부터 배우는 자세로 돌아가 끊임없이 탐구하고 실천하며 자신의 리더십을 완성해 나갔습니다. 리더십은 타고나는 것이 아니라, 매일 새롭게 쌓아가는 과정임을 몸소 보여주었습니다. 지금 우리가 서 있는 자리에서 진정한 리더가 되기 위해 무엇을 해야 할지, 크루이프의 길에서 그 답을 찾길 바랍니다.

조직은 리더의 깊이에 따라 성장의 폭이 달라집니다. 리더가 스스로를 돌아보고 준비한다면, 구성원은 신뢰를 갖고 따르게 됩니다. 반대로 리더가 과거의 성공에만 기대어 현재를 버틴다면, 구성원은 점점 리더로부터 멀어질 수밖에 없습니다. 리더십은 직위가 아닌 준비와 실천이 쌓아 올린 영향력입니다.

리더 여러분, 꼭 기억해 주십시오. **과거의 성공이 리더로서의 성공까지 보장해주지는 않습니다.** 이제는 새로운 출발선에 섰다는 마음으로, 다시 배워가며 성장해 나가야 할 때입니다. 리더 1년 차의 마음으로, 조직과 함께 더 나은 길을 모색해 보십시오. 그 꾸준한 여정이 여러분의 리더십을 더욱 단단하고 깊이 있게 만들어줄 것입니다.

2.

워크에식(Work Ethic)으로
기준을 확립하라

프로페셔널의 완성, 워크에식

이탈리아의 축구 천재 마리오 발로텔리는 10대 시절부터 유럽 축구계를 들썩이게 한 특급 유망주였습니다. 폭발적인 스피드와 강력한 슈팅, 놀라운 피지컬을 바탕으로 그는 인터 밀란, 맨체스터 시티, AC 밀란 등에서 활약했고, 유로 2012에서는 이탈리아 국가대표로 맹활약하며 세계적인 주목을 받았습니다. 그러나 시간이 흐를수록 그의 재능보다 태도와 관련된 논란이 더 많이 회자되었습니다. 실력보다는 워크에식(Work Ethic)의 부족이 반복적으로 도마에 올랐기 때문입니다.

훈련 지각, 감독과의 충돌, SNS에 부적절한 게시물을 올리는 등의 행동은 팀워크와 규율을 중시하는 유럽 명문 구단들과 반복적으로 마찰을 빚게 했고, 자연스레 그는 유럽 빅리그에서 자리를 잃어갔습니다. 그는 경기장 안팎의 불성실한 태도로 인해 "기술은 가르칠 수 있지만, 태도는 가르칠 수 없다"라는 냉정한 평가를 받았습니다. 결국 그의 이름은 더 이상 희망이 아닌 '잃어버린 재능'의 대명사로 회자됩니다.

이처럼 워크에식은 단순한 근면함이나 책임감의 문제가 아닙니다. 그것은 자신이 맡은 역할에 어떤 기준을 두고, 이를 일관되게 실천하려는 태도입니다. 특히 실력과 능력이 이미 비슷한 수준에 오른 집단, 예를 들어 프로 스포츠나 전문 조직에서는 태도가 곧 신뢰의 기준이 되고, 팀 전체의 방향성을 결정짓는 핵심 요소로 작용합니다. 경기력이나 성과만으로는 설명할 수 없는 신뢰와 영향력의 차이는 바로 여기서 비롯됩니다.

일본의 명문 야구 구단 요미우리 자이언츠는 워크에식을 문화로 정착시킨 대표적인 팀입니다. 요미우리는 선수들의 외모와 복장은 물론, 이동 시 복장과 숙소 내 생활 태도까지 철저히 관리합니다. 선수들은 외부와 마주칠 수 있는 모든 상황에 대비해 정장을 착용하고, 과도한 염색이나 수염은 금지됩니다. 이는 단순한 외형 관리가 아닌 '프로로서 자신을 어떻게 대할 것인가'라는 철학이 반영된 것입니다. 이 같은 시스템은 팀 내에 긴장감과 일관된 기준을 심어주고, 구성원 개개인의 태도가 결국 집단의 품격으로 이어질 수 있음을 잘 보여줍니다.

리더의 태도는 조직의 거울

이처럼 **워크에식은 개인의 자세를 넘어 조직 문화와 리더십의 본질을 드러냅니다.** 특히 리더의 위치에 있는 사람에게 워크에식은 '보이지 않는 기준'으로 작용합니다. 회의보다 먼저 도착하는 습관, 작은 약속을 꾸준히 지키는 태도, 보이지 않게 준비하고 학습하는 태도는 그 자체로 조직의 문화가 됩니다. 말보다 행동이 중요하다는 말이 리더에게 더 절실하게 다가오는 이유입니다.

현실적으로 리더에게 높은 워크에식을 지속적으로 요구하는 것은 결코 쉽지 않습니다. 수많은 결정의 중심에 서 있는 리더는 성과 압박과 인간관계의 갈등, 정서적 피로를 동시에 감당해야 합니다. 기대에 미치지 못했다는 비난도 감수해야 합니다. 하지만 그럼에도 불구하고 기준을 지키는 리더는 구성원에게 신뢰를 주고, 조직의 중심축이 됩니다.

특히 요즘처럼 자율성과 다양성이 존중되는 조직 환경에서는 리더의 태도가 더욱 중요해지고 있습니다. 출퇴근 제약이 줄고, 대면보다 메시지 중심 소통이 많은 시대에서 구성원들은 리더의 말보다는 습관과 태도를 통해 조직의 분위기를 감지합니다. 반복되는 일상 속에서의 작은 약속, 성의 있는 피드백, 책임을 회피하지 않는 일관된 태도는 리더의 진정성을 증명하는 도구가 됩니다.

결국 조직은 리더를 닮습니다. 구성원은 리더의 행동을 통해 '조직이 무엇을 중요하게 여기는가'를 학습하고, 그 기준을 따라갑니다. **말로 만들어낸 제도보다 생활 속 태도가 앞섭니다.** 리더의 워크에식은 단지 개인의 성숙을 위한 것이 아니라, 공동체 전체가 리더를 따르게 되는 출발점이 됩니다.

과거 장인들이 작품에 혼을 담았듯, 현대의 리더도 자신의 태도 속에 조직의 문화를 담아야 합니다. **태도는 문화로 확산되고, 문화는 곧 조직의 경쟁력이 됩니다.** 워크에식은 리더십의 본질이자, 미래를 설계하는 가장 구체적인 방법입니다. 말보다 행동으로, 지시보다 모범으로, 오늘 하루의 태도가 조직의 내일을 결정짓습니다.

3.
루틴을 끝까지 지켜라

매일 아침 카레를 먹는 사나이 ─────

이치로 선수는 메이저리그 역사에 길이 남을 기록을 남긴 선수입니다. 일본 프로 야구에서 전설적인 커리어를 쌓은 그는, 메이저리그에서도 10년 연속 200안타를 기록하며 전 세계 팬들에게 깊은 인상을 남겼습니다. 통산 3,000안타를 넘긴 그는, 아시아 출신으로 최초로 메이저리그 명예의 전당에 입성한 레전드입니다.

그의 위대함은 뛰어난 재능에서 비롯된 것이 아닙니다. 이치로의 진짜 힘은 오히려 철저하게 반복되는 일상, 즉 루틴 속에서 비롯된 결과입니다.

그의 하루는 철저히 규칙적으로 흘러갔습니다. 매일 같은 시간에 일어나, 아침 식사로 매일 똑같은 카레를 먹고, 같은 루트로 경기장에 도착해 같은 순서로 스트레칭을 했습니다. 타격 연습 순서도, 배팅 케이지에서의 리듬도 수년간 동일했습니다. 타석에 들어설 때 헬멧을 만지는 순서나 배트를 쥐는 방식까지도 늘 같았습니다. 이치로는 한 인터뷰에서 이렇게 말했습니다. "나는 재능이 없다. 다만 루틴이 있을 뿐이다." 이는 단순한 겸손이 아니라, 그가 자신을 유지하고 발전시켜온 유일한 방법이 루틴이라는 것을 그대로 드러내는 고백입니다.

사실 야구는 하루하루가 다른 상황 속에서 펼쳐지는 스포츠입니다. 날씨도, 상대 투수도, 구장도, 경기의 흐름도 매번 바뀝니다. 타율이 떨어지면 스스로에게 실망하고, 부진이 길어지면 외부의 평가와 마주해야 합니다. 그러나 이치로는 경기력의 기복에 흔들리지 않기 위해 '스스로를 붙잡아 주는 기준점'을 만들어냈습니다. 그것이 바로 루틴이었습니다.

그는 경기장의 환경이 어떻든, 원정이든 홈이든, 타격감이 좋든 나쁘든 관계없이 자신의 루틴을 철저하게 지켜냈습니다. 이치로의 루틴은 단순히 몸을 푸는 절차를 넘어서, 정서적 안전지대이자 정체성의 중심축이었습니다. 그 일관된 반복이 있었기에 그는 수많은 변수 속에서도 스스로를 잃지 않았고, 결국 누구도 따라올 수 없는 경지에 도달할 수 있었습니다.

흔들림 없는 리더의 조건

이치로의 루틴은, 리더로 살아가는 우리 모두에게 깊은 통찰을 건넵니다. 리더는 매일 변화하는 내외부의 환경에 노출되어 있습니다. 성과 압박, 인사 문제, 경쟁사의 변화, 팀원과의 갈등, 조직개편 등 크고 작은 이슈들이 리더의 마음을 흔들어놓습니다. 그리고 팀원들은 그런 리더의 모습에 민감하게 반응합니다. 리더가 불안해 보이면 조직 전체가 흔들립니다. 이런 상황에서 리더가 자신의 중심을 지키기 위해 필요한 것이 바로 루틴입니다.

루틴은 리더가 자기 자신과 한 약속을 지키는 방법입니다. 아침에 같은 시간에 일어나 명상하거나, 일정 시간 책을 읽거나, 하루를 시작하기 전 10분간 업무를 정리하는 것. 누구와도 공유하지 않는, 오직 자신을 위한 이 단순한 반복이야말로 리더가 내면의 균형을 유지하고 스스로를 컨트롤하는 데 큰 힘이 됩니다. 루틴은 단순한 생활 습관이 아니라, 심리적 기준점입니다. 외부가 아무리 흔들려도, "나는 이 시간을 이렇게 시작한다"라는 확신이 있다면,

리더는 자신을 잃지 않을 수 있습니다.

루틴은 신뢰를 만듭니다. 구성원들은 리더의 말보다 리더의 '일관된 태도'에서 더 큰 안정감을 느낍니다. 리더가 언제나 같은 시간에 회의를 시작하고, 회의 전 늘 팀원의 이야기를 듣는 모습을 보여준다면, 팀원들은 그 안에서 신뢰를 형성합니다. "우리 리더는 언제나 그렇게 행동한다."라는 일관성이 조직의 질서를 만들어줍니다. 이치로가 경기 전 준비 루틴을 무너지지 않게 유지한 것처럼, 리더의 행동에도 루틴, 즉 일관된 태도가 있어야 팀원들에게 신뢰를 줄 수 있습니다.

또한 루틴은 자존감을 지켜줍니다. 리더는 때때로 큰 결정을 내려야 하고, 그 결정에 대한 비판을 감당해야 하며, 때로는 스스로에 대한 회의감도 마주해야 합니다. 이럴 때 "그래도 나는 오늘 나의 루틴을 지켰다"라는 감각은 작지만 깊은 자긍심을 일으킵니다. 그 자긍심은 다음 선택의 에너지가 됩니다. 루틴은 리더가 스스로를 회복하는 장치이자, 흔들림 속에서 중심을 다시 잡는 출발점이 됩니다.

이치로는 야구 선수였지만, 그가 루틴을 지켜낸 방식은 리더가 흔들리지 않고 팀을 이끄는 자세와 닮아 있습니다. 그는 누구보다 조용했고, 격한 리액션도 없었지만, 팀원들은 그의 존재만으로도 긴장했고, 배울 점을 찾았습니다. 그는 조직을 통제하지 않았지만, 루틴을 지켜냄으로써 팀에 신뢰감을 주는 리더가 되었던 것입니다.

리더는 말로 리더십을 증명되는 것이 아닙니다. 위기의 순간에 드러나는 태도, 흔들릴 때에도 평소처럼 하루를 시작하는 자세, 흔들림을 막는 일관된 행동이 리더십의 본질을 보여줍니다. 루틴은 거창한 것이 아니어도 됩니다. 다만 그 **루틴을 '내가 나를 지키기 위해 정한 약속'으로 인식하는 것이 중요합니다.**

결국 리더십은 위대한 결단 이전에, 평범한 하루를 한결같이 살아내는 힘에서 시작됩니다.

그 한결같음의 힘은 루틴으로부터 나옵니다. 그리고 그 루틴은, 리더가 혼란 속에서도 자신을 잃지 않고 목적지를 향해 나아갈 수 있게 하는 보이지 않는 나침반이 됩니다.

4.
복기(復棋)는
복리(複利)이다

실패와 성공을 잇는 다리 ───────

'복기(復棋)'는 원래 바둑에서 유래된 용어로, 끝난 판을 다시 되짚으며 수순과 전략을 돌아보는 데서 비롯되었습니다. 지금은 스포츠, 군사, 교육, 기업 경영 등 전략과 판단이 중요한 모든 분야에서 널리 사용되고 있습니다. 복기는 단순한 되돌아봄이 아니라, 실패와 성공의 맥락을 해석해 다음 선택을 정밀하게 만드는 성장의 기술입니다. 리더에게 복기는 경기를 넘어 훈련 방식, 동기 부여, 팀 운영 전반을 다시 설계할 수 있게 하는 출발점이 됩니다. 복기하는 리더만이 같은 실수를 반복하지 않으며, 팀을 다음 단계로 이끌 수 있습니다.

세계적인 바둑의 전설 이창호 9단은 "승부보다 중요한 건, 내가 왜 그렇게 됐는지를 아는 것"이라며 복기의 가치를 강조했습니다. 이세돌 9단 역시 "복기를 하지 않으면 나의 바둑을 알 수 없다"라고 단언했습니다. **이들에게 복기는 단순한 복습이 아니라, 승리와 실패의 원인을 꿰뚫는 훈련이었습니다.**

리더는 수많은 의사 결정의 순간을 맞이합니다. 리더의 경험과 역량에 따라 판단의 결과는 달라질 수 있지만, 한 가지 분명한 사실은 리더 역시 사람인지라 언제나 옳은 선택만을 할 수는 없다는 점입니다. 그렇기에 **중요한 것은 결과에 일희일비하기보다, 그 과정을 냉정하고 객관적으로 되짚어보는 복기의 시간을 갖는 일입니다.** 복기를 통해 과거의 상황을 돌아보고, 다음에는 어떻게 생각하고 행동할지를 성찰함으로써 리더는 한 걸음 더 성장할 수 있는 기회를 얻게 됩니다.

한국인 투수로 메이저리그 개막전 선발 마운드에 3회 오른 투수이자, 메이저리그 평균 자책점 1위를 기록한 정교한 제구로 유명한 류현진 선수는 실투로 장타를 허용한 날이면 경기 직후 반드시 영상과 데이터를 확인하며 '왜 그 공이 가운데로 몰렸는가'를 분석하는 복기 루틴을 고수해 왔습니다. 2019년에는 한 경기에서 홈런 3개를 허용한 뒤, 철저한 복기를 통해 투구 균형을 재정비했고, 이후 8경기 연속 1 자책점 이하라는 놀라운 흐름을 이어갔습니다. 류현진에게 복기는 실수를 피하는 것이 아니라, 실수를 분석하고 미래를 설계하는 전략적 빌드업 과정이었습니다.

메이저리그에서 아시아 선수 최초로 MVP를 수상하고, 통산 3,000안타 이상을 기록한 이치로는 꾸준한 복기 루틴 덕분에 성장한 선수로 평가받습니다. 그는 매일 경기 후, 타석에서 마주한 투수의 구종과 공의 궤적, 자신의 타이밍과 스윙 감각을 노트에 매일 손글씨로 상세히 기록하며 복기했고, 그렇게 축적된 자료를 수백 권으로 분류 및 보관하며 슬럼프 시기에 다시 꺼내 보는 자료로 활용했습니다. 이러한 반복과 축적은 타격 밸런스를 유지하고 변화에 빠르게 적응하는 데 큰 힘이 되었습니다. 이치로에게 복기는 단순한 반성이 아니라, 미래를 준비하는 전략적 사고의 출발점입니다.

미국 프로 농구 골든스테이트 워리어스를 이끌고 NBA 우승 4회를 달성한 스티브 커 감독은 '볼 움직임'을 중심으로 한 전술 혁신을 이끈 지도자로 잘 알려져 있습니다. 그는 경기를 이긴 날에도 '왜 그 전술이 통했는가'를 복기를 통해 분석하는 습관으로 유명했으며, 2015년 NBA 파이널 4차전에서는 드레이먼드 그린을 센터로 기용한 것이 수비 로테이션을 유기적으로 만들었다는 점을 찾아냈습니다. 이 복기의 결과, 커 감독은 해당 전략을 5차전부터 중심 전술로 정착시켰고, 골든스테이트는 시리즈 흐름을 완전히 뒤집으며 우승을 차지했습니다. 스티브 커는 복기를 잘못을 고치는 수단에 두지 않고, 성과의 원인을 확대해 전략적 성장을 이끄는 강력한 도구로 활용했습니다.

실패를 담보로 한 성장

이처럼 **복기는 부정적인 결과나 감정에 갇혀 다른 것을 생각하기 어려운 리더에게 다음을 구상할 수 있는 전환점을 마련해 줍니다.** 그러나 실제로 어떤 결과나 상황에 직면했을 때, 지금의 부정적인 현실에서 벗어나 미래를 설계하는 일은 결코 쉽지 않은 과제입니다. 뼈아픈 상황을 다시 곱씹는 것만으로도 리더에게는 악몽 같은 쓰라린 감정이 되살아나기 때문입니다. 대한민국 야구인 김성근 감독은 "복기는 다시 경기를 치르는 것과 같다. 뼛속까지 후회와 싸우는 일"이라며 복기의 고통을 토로했고, 또 다른 야구인 이종범은 "복기는 자존심을 찢는 일이다. 내가 못했던 것을 계속 봐야 진짜로 고쳐진다"라고 말하며, 복기가 수반하는 고통을 감수해야 진정한 성장이 가능하다고 강조했습니다.

복기는 단순한 반성이 아니라, 다음을 위한 전략적 사고의 출발점입니다. 감정에 갇히지 않고 사실을 있는 그대로 직시하는 것이 첫걸음입니다. 실패의 원인을 구체적으로 분석하면 막연한 자책이 아닌 해결 가능한 과제로 전환됩니다. 이어서, 무엇이 부족했는지를 넘어 다음에는 무엇을 다르게 할지를 스스로에게 물어야 합니다. 마지막으로 복기의 끝은 실행으로 이어져야 합니다. 작더라도 달라진 실천이 뒷받침될 때, 복기는 비로소 성장으로 연결됩니다.

복기는 반복할수록 복리처럼 누적되어 더 큰 성장을 이끕니다. 한 번의 복기로는 아쉬움을 줄일 수 있지만, 반복된 복기는 통찰과 역량을 축적시킵니다. 처음에는 고통스럽지만, 누적될수록 리더의 판단력과 대응력은 더욱 단단해집니다. 복기를 습관으로 만든 리더는 실패를 두려워하지 않고, 매 순간을 자산으로 전환할 수 있습니다. 복기가 쌓일수록 리더는 더욱 명확한 시야와 자신만의 기준을 갖게 되고, 결국 팀과 조직은 그 복리의 결과를 함께 누리게 될 것입니다.

5.

흥분을 다스려
승리를 지켜라

냉정과 열정의 줄다리기 ———

경기장을 지배하는 감독의 표정은 선수들의 감정선을 지배합니다. 디에고 시메오네 감독은 아틀레티코 마드리드를 세계 정상급 팀으로 끌어올린 명장이지만, 종종 경기 중 흥분을 참지 못하고 벤치에서 고성과 격한 제스처를 사용해 퇴장 당하곤 했습니다. 그의 리더십은 뜨거운 열정과 투지의 상징이었지만, 그 뜨거움이 결정적 순간에 조직의 이성을 마비시키는 요인이 되기도 했습니다.

시메오네 감독의 과도한 감정 표출은 때로 팀의 핵심적인 순간에 치명적인 전술적 공백을 초래했습니다. 대표적인 사례로 2014년 수페르코파 데 에스파냐 2차전 레알 마드리드와의 경기가 있습니다. 경기 초반부터 심판 판정에 과도하게 항의하던 시메오네 감독은 전반전에 퇴장당하며 벤치를 비웠습니다. 감독의 갑작스러운 퇴장은 선수들에게 큰 심리적 동요와 혼란을 안겨주었습니다. 시메오네 감독은 그 경기에서의 퇴장과 함께 8경기 출장 정지라는 중징계를 받았으며, 이 결과는 팀을 어려움에 빠지게 만든 중요한 원인으로 작용했습니다. 이는 리더의 불안정한 감정이 팀 전체의 균형을 깨뜨릴 수 있음을 보여줍니다.

반면, 시메오네 감독과 다른 모습으로 좋은 본보기를 보였던 감독도 있습니다. 아르센 벵거 감독은 22년간 아스널을 이끌며 침착함과 절제된 리더십의 대명사로 불렸습니다. 그는 경기 중 판정이 불리하게 작용하거나 팀이 실점했을 때에도 과도하게 반응하지 않고, 늘 같은 태도로 선수단을 이끌었습니다. 2010년 12월 맨체스터 유나이티드와의 프리미어 리그 원정 경기에서 0 대 1로 패한 직후, 벵거 감독은 경기 후 기자 회견에서 "우리가 진 이유는 단순하다. 맨유가 더 잘했다. 감정적으로 반응하거나 성급한 결론을 내기보다는, 침착하고 객관적으로 결과를 받아들여야 한다"라고 말하며 감정을 절제한 태도를 보였습니다. 또한 경기 막판 실점으로 무승부에 그친 경기에서도 "선수들은 충분히 잘했다"라는 말로 팀 전체의 사기를 북돋았습니다. 그의 일관된 침착함은 아스널 선수들에게 안정감을 주었으며, 팬들 사이에서도 '지적 리더십'의 상징으로 기억됩니다.

벵거 감독은 감정을 다스리는 데도 '훈련'이 필요하다는 철학을 갖고 있었습니다. 그는 선수들에게도 격한 상황 속에서 감정적 보복이나 판정 항의를 자제할 것을 강조하며, 스스로 본보기가 되었습니다. 예를 들어 경기 중 억울한 상황이 발생했을 때도 그는 즉시 항의하거나 동요하지 않고, 심판과 대화의 형식으로 의견을 전달했습니다. 그의 태도는 선수들에게 '경기 외적 요소에 흔들리지 말고 자신의 플레이에 집중하라'라는 무언의 메시지였습니다.

벵거 감독은 언론과의 관계에서도 감정적 대응을 자제했습니다. 선수 비판이나 심판 판정에 대한 격한 언사를 피하고, 오히려 상대팀 감독이나 선수의 장점을 언급하며 스포츠맨십을 실천했습니다. 이러한 태도는 경기 외적 갈등을 최소화하고, 팀 내부의 분위기를 안정적으로 유지하는 데 크게 기여했습니다. 단지 승패에 연연하지 않고 전체 시즌의 균형을 보려는 그의 시야는 리더로서의 평정심이 얼마나 중요한지를 잘 보여주는 장면이었습니다.

이런 리더의 평정은 위기 순간에 더욱 빛을 발합니다. 선수들은 불리한 상황일수록 감독의 표정과 말투에 더욱 민감하게 반응하게 됩니다. 이때 리더가 분노나 불안을 드러내면, 그 감정은 조직 전체에 전염됩니다. 반대로 리더가 침착한 태도를 유지하면, 팀은 다시 중심을 잡고 집중력을 회복할 수 있습니다. 평정은 단순히 성격의 문제가 아니라, 리더십의 전략적 선택이라는 점에서 더욱 중요합니다.

절제와 중용 ─────

동양 고전에서도 리더의 감정 조절은 반복적으로 강조됩니다. 『손자병법』에서는 '將無忿怒之心(장무분노지심)'이라 하여, 장수는 분노하는 마음이 없어야 한다고 이야기하고 있습니다. 전쟁에서 장수가 개인적인 감정으로 병력을 움직이거나 복수심으로 결정을 내려서는 안 된다고 경고하며, 전투는 반드시 이성과 전략에 따라 수행되어야 한다고 강조합니다. 감정적 결정은 조직 전체를 위험에 빠뜨릴 수 있다는 교훈입니다.

리더가 흥분하지 말아야 할 이유는 분명합니다. **감정이 앞서면 판단력을 잃습니다.** 위기의 순간일수록 냉철한 판단이 요구되는데, 감정이 앞서면 사안을 객관적으로 보는 힘이 약해지고, 전략은 흐려지며 실수가 따라옵니다. 감정은 구성원에게 전염됩니다. 리더가 흥분하면 팀은 동요합니다. 리더의 감정이 팀 전체의 분위기를 흔들리게 합니다. 그리고 신뢰를 잃게 됩니다. 리더는 가장 어려운 순간에 조직을 붙잡아줄 존재입니다. 그런데 감정에 휘둘리는 리더는 구성원에게 불안을 전합니다. 위기 상황일수록 리더의 평정이 조직의 버팀목이 됩니다.

그렇다면 리더는 어떻게 평정심을 유지할 수 있을까요?

첫째, 한 템포 멈추기입니다. 감정이 올라올 때는 바로 반응하지 말고, 깊은 호흡과 침묵을 통해 '생각할 시간'을 벌어야 합니다. 리더에게는 즉각적 반응보다 지연된 판단이 훨씬 큰 힘을 발휘할 수 있습니다.

둘째, 행동은 이성적으로 하고, 감정은 조용히 다뤄야 합니다. 감정이 들더라도 그것을 겉으로 표현하지 않는 능력이 필요합니다. 리더의 언행은 구성원에게 그대로 복제되기 때문에, 절제된 표현은 곧 질서를 만듭니다.

셋째, 자신이 조직의 온도 조절자임을 항상 자각하는 것입니다. 내 감정 하나가 전체 분위기를 고조시키거나 위축할 수 있다는 사실을 항상 자각하고, 자신을 먼저 통제하는 습관을 가져야 합니다.

흥분은 열정의 리더십처럼 보이지만, 불안정함의 다른 얼굴일 수 있습니다. 냉정을 유지하는 리더는 위기 속에서도 방향을 잃지 않으며, 그 평정이 조직을 살리고 승리를 이끕니다. 진정 강한 리더는 상대를 이기기 전에 먼저 자신을 이기는 사람입니다.

6.

리더에게 고독은
숙명이다

스스로 고독을 선택한 야신(野神)

대한민국 야구계에서 '야신(野神, 야구의 신)'이라 불리는 김성근 감독은 대한민국 야구계를 대표하는 전설적인 지도자입니다. 그는 프로 감독 통산 1,384승 60무 1,200패 승률 0.523의 기록을 남겼으며, SK 와이번스(현 SSG 랜더스)를 이끌고 2007년과 2008년 한국 시리즈 2연패를 달성하는 등 뛰어난 지도력을 입증했습니다. 특히 약체로 평가받던 팀들을 단기간에 강팀으로 탈바꿈 시키는 리빌딩 능력과 철저한 데이터 분석, 훈련 중심의 팀 운영 방식으로 자신만의 리더십을 완성했습니다.

그는 리더는 고독을 감내해야 하는 직무라고 말하며, "**감독은 외로워야 한다. 그래야 객관적으로 팀을 보고, 때론 냉정한 판단도 내릴 수**

있다."라고 강조했습니다. 고독은 곧 외로움을 유발하며, 결정의 순간 리더가 홀로 그 무게를 감내해야 한다는 점에서 심리적 부담을 동반할 수 있습니다.

그러나 김성근 감독은 그런 순간일수록 말없이 버티고, 고요히 결단하며, 묵묵히 책임지는 자세가 리더의 본질이자 숙명이라고 말합니다. 리더는 중대한 결정을 앞두고 다양한 의견을 경청하되, 최종적인 판단은 스스로 내려야 하며, 그 결정의 무게와 압박감을 소통이나 공유라는 명분으로 타인과 나누려는 것은 리더로서의 책임을 회피하는 것이라고 강조했습니다.

김성근 감독은 트레이닝 캠프나 시즌 중에도 동료 코치나 선수들과 함께 식사하지 않는다는 원칙을 지켜왔습니다. 특별한 이유가 없는 한 그는 감독실이나 덕아웃에서 혼자 식사했으며, 이것은 식사 중 나눌 수 있는 사적인 대화와 감정의 교류가 중요한 결정을 내릴 때 방해가 될 수 있다는 판단에서였습니다. 그래서 그는 선수들과의 심리적 거리 두기를 철저히 유지했습니다.

또한 감독실을 '선수들이 쉽게 드나들 수 없는 공간'으로 설정해서, 선수들과 의도적인 물리적 고립을 고수했습니다. 이것은 감독의 권위에 도전하지 않게 하기 위함이 아니라, 선수들과의 물리적 거리 두기를 통해 의례적 친분이나 분위기에 휩쓸려서 즉흥적인 판단을 할 수 있는 위험성을 사전에 예방한 조치라고 할 수 있습니다.

그는 2007년 SK 와이번스의 우승 당시, 타순 변경과 전략 및 전술 운용과 관련한 사항을 다른 이들과 논의하지 않고 혼자 밤새 고민하고 결단했던 사례가 있습니다. 한국 시리즈가 진행되던 중에 팀의 간판 타자였던 이호준 선수를 기존의 4번 타순에서 6번으로 내리면서, 많은 팬들과 언론의 집중적인 비판을 받았습니다. 그러나 김성근 감독은 "선수의 심리적 압박감을 덜어주기 위한 타순 변경이었다"라고 설명하며 자신의 생각을 강력하게 밀어붙였습니다. 그 결과 이호준 선수는 한국 시리즈 MVP급 활약을 펼치며 SK의 우승에 일등공신이 되었습니다.

무소의 뿔처럼 혼자서 가라

리더는 혼자 결정하고 책임지는 자리에 서야 합니다. 그러나 막상 그 자리에 올라서면, 많은 이들이 그 무게에 부담감을 느끼거나, 익숙했던 방식으로 돌아가려는 유혹에 흔들립니다. 팀원일 때는 동료와 함께 고민하고, 부담을 나누는 것이 자연스러운 일이었습니다. 하지만 리더는 결코 그럴 수 없습니다. 타인의 시선을 의식하지 않고, 판단의 결과를 감당하는 것이 리더의 본질입니다.

때로는 '함께 고민하자'는 명분 아래 결정을 미루고, 동료들과 책임을 나누려는 시도도 일어납니다. 물론 다양한 의견을 듣는 과정은 중요합니다. 그러나 최종 판단의 순간에 스스로를 드러내지 않고 숨고자 한다면, 그것은 리더로서 책임을 지지 않겠다는 태도일 뿐입니다. 김성근 감독이 동료와 식사를 함께하지 않았던 이유도, 누군가의 감정이나 기류에 휩쓸리지 않고 자신의 판단을 끝까지 유지하기 위함이었습니다.

고독은 리더가 피할 대상이 아니라, 반드시 감당해야 할 과정입니다. 리더십은 외로움을 견디는 기술이 아니라, 외로움을 받아들이고 활용하는 철학에서 출발합니다. 외롭기 때문에 더 집중하고, 더 깊이 고민하며, 더 치열하게 자신을 다듬는 시간이 되기 때문입니다. 김성근 감독이 중요한 결정을 앞두고 스스로 고립을 택했던 것은 바로 그 고독이 판단의 중심을 지키는 힘이 된다는 걸 알고 있었기 때문입니다.

많은 리더들이 '함께하는 리더십'이라는 명분 아래 자신을 숨깁니다. 그러나 리더라면, 결정의 순간만큼은 홀로 설 수 있어야 합니다. 그 외로움을 감당하지 못한 리더는 결국 방향을 잃고, 책임의 본질로부터 도망치게 됩니다. **진정한 리더는 고독의 시간을 견디는 것이 아니라 기꺼이 받아들이는 사람입니다.**

결국 리더에게 고독은 단지 감정의 문제가 아니라, **역할의 본질입니다.** 책임을 홀로 지겠다는 결심, 결정 앞에서 흔들리지 않겠다는 태도, 그것이 곧 고독을 받아들이는 자세입니다. 리더가 고독의 순간을 회피하지 않고 껴안을 때, 비로소 조직은 방향을 잃지 않고 앞으로 나아갈 수 있습니다.

7.

신뢰할 수 있는
멘토를 찾아라

You Will Never Walk Alone ———

리더는 타고나는 존재가 아니라, 타인의 영향을 받으며 배우고 성장해 완성되는 존재입니다. 세계적인 축구 스타이자 대한민국 축구 국가 대표팀의 주장을 맡은 손흥민 역시 그러한 과정을 통해 리더로 성장했습니다. 그에게 리더십의 방향을 처음으로 체감하게 해준 인물은 또 다른 대한민국 축구의 레전드 박지성이었습니다.

2011년 카타르 아시안 컵 당시, 대표팀 막내였던 손흥민은 주장 박지성과 룸메이트로 함께 지내며 말보다 행동으로 팀을 이끄는 리더의 태도를 직접 경험했습니다. 그는 훗날 "지성이 형은 말은 많지 않았지만, 모든 것을 몸으로 보여줬다. 나는 그걸 지켜보며 배웠다고" 회상하며, 박지성의 리더십이 자신의 기준점이 되었다고 말했습니다.

실제로 손흥민은 대표팀 주장으로 선출된 이후에도 경기 전 인터뷰에서 "선배들이 보여준 모습을 잊지 않으려 한다"라고 말하며, 과거 선배 리더의 태도를 배우고자 노력하고 있음을 드러냅니다. 그는 "앞장서기보다 팀원들을 배려하고 중심을 잡아주는 리더가 되고 싶다"라고 말했습니다. 이것은 박지성이 보여준 묵직하고 조용한 리더십의 연장선이라 할 수 있습니다.

이처럼 한 리더가 또 다른 리더에게 영감을 주어 자신의 리더십을 정립해 나가는 과정은, 조직 안에서 매우 중요한 성장의 형태입니다. 그리고 그 여정에서 결정적인 역할을 하는 존재가 바로 '롤 모델'입니다.

리더십은 직책이나 권한만으로 완성되지 않습니다. 그것은 경험과 성찰, 그리고 타인의 영향을 통해 서서히 정립되는 것입니다. 롤 모델은 정답을 알려주는 사람이 아니라, 다양한 상황 속에서도 일관된 원칙과 태도를 실천으로 보여주는 본보기입니다. 그들은 리더가 중심을 잃지 않고 자신을 점검할 수 있게 해주는 정신적 기준이 됩니다.

리더에게 롤 모델이 필요한 이유는 크게 세 가지로 정리할 수 있습니다.

첫째, 롤 모델은 리더십의 방향성을 제시하는 기준이 됩니다. 매 순간 중요한 결정을 내려야 하는 리더의 과제 앞에서, 롤 모델의 사고방식과 행동은 자신의 판단을 다시 한번 점검할 수 있는 기준이 됩니다. 그들의 일관된 태도와 선택은 리더가 갈등의 순간에 중심을 잡고, 보다 신중하고 책임 있는 결정을 내릴 수 있도록 돕는 사고의 틀이 되어줍니다.

둘째, 롤 모델은 리더의 외로움을 덜어주고 내면을 단단히 다져주는 촉매제가 됩니다. 리더는 때로 막중한 책임과 판단의 무게 속에서 '혼자'라는 외로움에 마주합니다. 이럴 때 "그 사람이라면 어떻게 했을까?"라는 질문은 리더가 스스로를 성찰하고 감정을 정돈하는 데 도움을 줍니다. 직접적인 조언은 없더라도, 그 존재만으로도 리더는 혼자가 아니라는 믿음 속에서 더욱 깊이 고민하고, 더 용기 있게 나아갈 수 있습니다.

셋째, 롤 모델은 리더가 자신의 한계를 인식하고, 그것을 넘어설 수 있도록 자극하는 성장의 계기가 됩니다. 단순히 이상적으로 동경하는 데 그치지 않고, 나와의 차이를 직면하게 만들고 스스로를 돌아보게 하는 거울 같은 존재가 됩니다. 그로 인해 리더는 정체되지 않고, 더 나은 자신을 향해 나아가고자 하는 내적 동력을 얻게 됩니다.

지치지 않는 리더를 위하여

실제로 많은 리더들이 리더십의 기술이나 전략을 습득하려고 노력하지만, 정작 그 기술을 언제, 어떻게, 왜 사용해야 하는지를 정립하지 못해 한계를 경험하곤 합니다. 이때 롤 모델의 존재는 단순한 참고가 아니라, 상황에 따른 태도와 철학의 방향성을 제공하는 중요한 자원이 됩니다. 좋은 롤 모델은 단순히 흉내 내기 위한 대상이 아니라, 리더 스스로 기준을 세우고 실천할 수 있도록 돕는 살아 있는 교과서입니다.

리더십이 중요한 이유는, 그것이 단지 한 사람의 성장으로 끝나는 것이 아니라 팀 전체의 문화를 결정짓는 힘이기 때문입니다. 리더가 흔들리면 팀도 흔들리고, 리더가 단단하면 팀도 함께 버팁니다. 그렇기 때문에 리더는 끊임없이 자신의 내면을 점검하고, 성장의 기반을 마련해야 합니다.

그리고 그 여정 속에서 자신에게 본보기가 되어줄 롤 모델의 존재는 매우 큰 자산이 됩니다.

리더의 롤 모델은 반드시 같은 직업이나 포지션일 필요는 없습니다. 나이, 직업, 성별 등과 무관하게 자신의 리더십에 실질적인 영향을 줄 수 있는 인물이라면 누구든 롤 모델이 될 수 있습니다. 예를 들어, 미국 프로 농구 NBA의 전설적인 선수인 르브론 제임스는 '투자의 귀재' 워렌 버핏과 교류하며 그로부터 큰 영향을 받았습니다. 르브론은 버핏을 통해 단기 성과보다 장기 가치를 중시하는 전략적 사고와 위기 대처 방식을 배웠다고 말했습니다. 이처럼 **리더가 롤 모델을 선택할 때는 직업적 연관성보다, 그 인물이 가진 태도와 철학이 자신에게 주는 인사이트와 자극을 기준 삼는 것이 더 중요합니다.**

많은 리더들이 성과에 집중하느라, 자신의 리더십을 점검하고 성장시키는 일에는 소홀하기 쉽습니다. 하지만 좋은 조직은 결국 좋은 리더십에서 시작됩니다. 특히 현장에서 직접 팀을 이끄는 리더일수록 자신만의 리더십 철학과 방향을 명확히 세우고, 그것이 조직에서 제대로 작동하고 있는지를 꾸준히 되돌아봐야 합니다. 그리고 그 과정에서 자신에게 기준이 되어줄 수 있는 롤 모델을 찾는 일은 매우 효과적인 방법이 될 수 있습니다.

무엇보다 중요한 것은, 롤 모델의 장점을 단순히 관찰하거나 흉내 내는 데 그치지 않고, 자신의 리더십 안에 구체적으로 녹여내는 실천입니다. 단순한 모방이 아닌, 자신의 성향과 조직 환경에 맞게 재해석하고 적용하는 노력이 필요합니다. 그렇게 할 때 리더는 외부 기준에 흔들리지 않고, 자신만의 철학과 방식으로 팀을 이끄는 진정한 리더로 성장하게 됩니다.

궁극적으로 우리는 롤 모델을 통해 자신의 리더십을 다듬고 완성해 가는 동시에, 언젠가 또 다른 누군가에게 긍정적인 영향을 줄 수 있는 새로운 롤 모델이 되는 것을 목표로 삼아야 합니다. 리더십이 또 다른 리더십을 낳는다는 것은 단지 개인의 성장에서 끝나지 않습니다. 그것은 조직 안에 건강한 가치와 문화가 전수되는 길이며, 후배 리더와 구성원에게도 기준과 희망이 되는 위대한 유산이 될 것입니다.

에필로그

지금,
타임아웃이 필요한 순간

리더십은 정해진 공식이 아니라, 사람과 상황에 따라 끊임없이 변화하는 살아 있는 관계의 기술입니다. 제가 이 책을 쓴 이유는 단 하나, 다양한 리더들이 각자의 답을 찾아가는 여정에 도움이 되고 싶었기 때문입니다. 18년간 기업 현장에서 깨달은 사실은 명확합니다. **좋은 리더십은 성과보다 앞서 '신뢰' 위에 세워진다**는 점입니다.

그래서 저는 'Time Out(작전 타임)'이라는 단어를 떠올렸습니다. 바쁜 일상 속에서 리더들은 잠시 멈추는 시간을 갖기 어렵습니다. 그러나 바로 그때, 방향을 재정비하고 스스로에게 질문을 던지는 전략적 멈춤이 필요합니다. **리더십은 흔들리지 않는 것이 아니라, 흔들릴 때마다 중심을 회복하는 힘**에서 비롯됩니다.

이 책은 완성된 정답을 제시하려는 시도가 아닙니다. 오히려 독자 여러분이 질문해 보길 바랍니다.

"리더는 왜 존재하는가?"
"나는 어떤 리더인가?"
"앞으로 어떤 리더가 되고 싶은가?"

이 책이 그러한 질문을 던지게 하는 작은 거울이 되었으면 합니다.

히딩크 감독의 말처럼, 우리 모두의 리더십이 여전히 배가 고픈 상태이길 바랍니다. 오늘도 당신의 리더십에 타임아웃이 필요하다면, 그 시간을 망설이지 말고 선택하십시오. 그것이 더 깊은 성찰과 더 단단한 리더십으로 가는 첫걸음이 될 것입니다.